Blwyddyn Gron

Detholiad wedi'i olygu
gan Elinor a John Davies

BLWYDDYN GRON

GWASG GOMER
1985

Argraffiad Cyntaf - Mai 1985

ISBN 0 86383 162 1

Argraffwyd gan
J. D. Lewis a'i Feibion Cyf., Gwasg Gomer, Llandysul

Cyhoeddwyd y gyfrol hon gyda
chymorth Cyngor Celfyddydau Cymru

Rhagair

Y syniad y tu cefn i'r gyfrol oedd cyflwyno chwaraeon plant ar wahanol adegau o'r flwyddyn. Fe gadwyd at y bwriad hwnnw i ryw raddau, ond, fel mae'n digwydd yn aml wrth lunio antholeg, fe ymestynnodd y maes, a chynhwyswyd hynt y tymhorau ac arferion cymdeithas yn ogystal.

O syllu ar ddarlun Bruegel, fe welir nad yw chwaraeon yn newid fawr o un cyfnod i un arall. Gwir bod mwy o sglein ar offer heddiw a mwy o dechnoleg yng ngwneuthuriad teganau, ond yn y pen draw yr hwyl a'r wefr sy'n bwysig, a hyderwn fod y gyfrol yn adlewyrchu pleserau bywyd wrth i'r naill fis ddilyn y llall.

Diolchwn i Gyngor y Celfyddydau am gomisiynu'r gwaith, ac i berchenogion hawlfreintiau am eu caniatad caredig i gynnwys y detholion. Hefyd i Wasg Gomer am ei diddordeb a'i chrefftwaith.

Y Golygyddion

Darluniau'r gyfrol

Comisiynwyd lluniau ar gyfer darnau arbennig gan y dylunwyr canlynol:

David Barlow
Hen Galan (8), Cario Gwair (69), Ruth a Boas (114), Y Fari Lwyd (179).

Jac Jones
Y Dyn Bach 'Ny o'r Wlad (15), Ebrill (30-31), Tyfu Tomatos (58), Helynt y Cnau (109), Nadolig y Cerdyn (168).

Roger Jones
Jim y *Matches* (129), Sŵn Traed (147).

Dai Owen
Charlie v. 30 (94), Celts v. Cybi Wanderers (134).

Wil Rowlands
Gwneud Crempog (19), Yn Was Bach (46), Y Carnifal (78), Y Menig Bocso (140).

Paula Tynan
Gŵyl Mai (41), Torri Drych (86), Medi (106), Noson Tân Gwyllt (153).

Cydnabyddir yn ddiolchgar y caniatâd a roddwyd i atgynhyrchu lluniau lliw o ddarluniau enwog yn y gyfrol hon.

Llun o Lyfr Gweddi 'De Grey' o'r 14eg ganrif, *Llyfrgell Genedlaethol Cymru.*
Merch yn Darllen: Syr Joshua Reynolds, *Amgueddfa Genedlaethol Cymru*
Y Lôn Wen: Kyffin Williams
La Parisienne: Pierre-Auguste Renoir, *Amgueddfa Genedlaethol Cymru*
Liliau'r Dŵr: Claude Monet, *Amgueddfa Genedlaethol Cymru*
Bugeiles: Anton Maure, *Amgueddfa Genedlaethol Cymru*
Bugeiles Fach y Gwyddau: Jean-François Millet, *Amgueddfa Genedlaethol Cymru*
Un o Baneli'r Brangwyn: Frank Brangwyn, *Neuadd Y Brangwyn, Abertawe*
Bywyd llonydd gyda Thebot: Paul Cezanne, *Amgueddfa Genedlaethol Cymru*
Hopscotch: George Chapman, *Llyfrgell Genedlaethol Cymru*
Plant yn Chwarae: Pieter Bruegel, *Kunsthistoriches Museum, Wien, Awstria.*

Cynnwys

Y mae amser i bob peth, ac amser i bob amcan dan y nefoedd:

    Amser i eni ac amser i farw; amser i blannu,
    ac amser i dynnu y peth a blannwyd;

    Amser i ladd, ac amser i iacháu; amser i fwrw i lawr,
    ac amser i adeiladu;

    Amser i wylo, ac amser i chwerthin; amser i alaru,
    ac amser i ddawnsio;

    Amser i daflu cerrig ymaith, ac amser i gasglu cerrig ynghyd;
    amser i ymgofleidio, ac amser i ochel ymgofleidio;

    Amser i geisio, ac amser i golli; amser i gadw,
    ac amser i fwrw ymaith;

    Amser i rwygo, ac amser i wnïo; amser i dewi,
    ac amser i ddywedyd;

    Amser i garu, ac amser i gasáu; amser i ryfel,
    ac amser i heddwch.

Pregethwr 3, 1-8

IONAWR

Gofuned Dechrau Blwyddyn

(Detholiad)

Rho inni dirion Ionawr,
Oriau mwyn heb eira mawr,
Chwefror a goror gweryd
O do'r iâ'n barod i'r ŷd,
Mawrth ac Ebrill ebillaidd
Ac achles gwres wrth eu gwraidd,
Mai â'i haf, a Mehefin
A'r ias o'i greu ar ei sgrîn,
Gorffennaf â'i haf hefyd
Yn stôr i Awst ar ei hyd,
Medi yn drwm o ydau,
Hydref yn gwd i'r cnwd cnau,
Tachwedd heb gryglyd duchan,
Rhagfyr a myrr yn y man.

Beirdd Penfro   *E. Llwyd Williams*

Hela Calennig

Un bore dydd Calan,
Aeth Robin a Morgan
A Wil Pantygorlan
A Siwsi a Betsan
A Lis Cnwc y Berllan
O gwmpas y wlad i hela calennig,
Yn gwmni bach llawen, mewn hwyl fendigedig
Pob calon yn ysgafn a thraed fel yr ewig,
Chwerthin a smalio
Heb undyn yn malio
Am ddim yn y byd;

Daethant o'r diwedd i fferm Pant y Moron
Disgwyl cael degswllt—neu o leia goron.
Dyna'r cloc yn taro deuddeg o'r gloch
A'r cwmni fel un yn canu'n groch
'Calennig yn gyfan
Ar fore dydd Calan
Unwaith—dwywaith—tair!'

Sŵn llais yr hen Guto
Yn galw ar Ianto
A hwnnw'n dihuno
A gweiddi—'Go drato,
Rhowch ganig fach eto.'
A dyma fe Robin yn taro hon:

'Calennig i mi, calennig i'r ffon
Calennig i'w wario'r flwyddyn hon
Calennig i mam am drwsio fy sane
Calennig i nhad am glytio fy sgidie.'

'Rôl gorffen y gân y tro hwn dyma becyn
O law yr hen Ianto o ffenest pen gegin,
Agor y papur—cael dou bishyn whech
A mynd fel poncage i fferm Ffynnon Frech . . .

3

Sefyll yn drŵp
Gyda'i gilydd blwmp
Dan ffenest Jen Mari
Fu rywdro yn caru
A Thwm Pantyderi,
—Chwerthin a phwffian
Cyn dechrau mewn cytgan
'Ar foreddydd Calan
Unwaith—dwywaith—tair!' . . .

'Cerwch adre y tacle
Yn gwneud y fath syne,
Ie wir, cerwch adre
I gysgu i'ch gwelie.
Yn lle dod i nadu o gwmpas y ffermydd
Hen gryts a chrotesi, cerwch adre rhag c'wilydd,
Chewch chi ddim dime o g'lennig 'da ni!
Dim dime!—dim dime!! 'na fe i chi!'

Caewyd y ffenest wedyn yn glep
A phob un o'r cwmni yn estyn ei wep!
Gweiddi gyda gwg
'Blwyddyn Newydd ddrwg
Llond y tŷ o fwg!'
A bant i'r ffarm nesa
At Benni Tŷ Isa.
Troi at 'i gilydd ar garreg y drws
A llafar ganu yn hynod o dlws;
'O peidiwch bod yn sarrug
Na newid dim o'ch gwedd
Cyn daw dydd Calan eto,
Bydd llawer yn y bedd.'

Cofio Neli   *Neli Davies*

Sglefrio

'Rŵan,' meddai eu mam, gan roi'r pwyslais ar yr *an,* 'os nad ydach chi'n dwad adre cyn y cwarfod plant, rhaid i chi molchi rŵan. Ŵan, tyn dy grafat iti molchi'n iawn.' Gwnaeth Owen guchiau. Tybiasai y gallai redeg allan i sglefrio cyn gynted ag y gorffennodd ei oruchwylion. Ond ymhen dim yr oedd yn barod, a'i wyneb yn goch ddisglair, a darn gwlyb, anhydrin o'i wallt yn sefyll yn syth wrth big ei gap. Rhoes y crafat mawr yn ôl am ei wddf, onid oedd dim ond ei drwyn a'i lygaid yn y golwg. Gwisgai'r bechgyn gotiau bychain byr â brest ddwbl ganddynt—mynci jaced. Gwisgai'r genethod gotiau byr rywbeth yn debyg ar eu bratiau. Yr oedd ganddynt fwa blewog gwyn am eu gyddfau, tebyg i gynffon dafad, a chylymid ef o dan eu gên gyda rhuban, a chapiau rhyw-beth yn debyg i'r bechgyn oedd ganddynt am eu pennau.

Yr oedd lleuad lawn yn yr awyr, mor felyn bron ag y bydd ym mis Medi. Chwythai'r gwynt yn fain drwy ddillad y plant, a rhedai'r dŵr o'u llygaid ac o'u trwynau gan ddisgyn yn un diferyn mawr ar lawr. Canent dan fynd, neu'n hytrach adroddent i dôn:

> Lleuad yn ola,
> Plant bach yn chwara,
> Lladron yn dwad,
> Dan weu sana,
> 'A—men,' meddai'r ffon,
> Dwgyd teisus o siop John.
> John, John, gymi di *gin,*
> Cyma, cyma, os ca i o am ddim.

Yr oedd holl blant y cyfarfod plant wrth ben y ceunant yn sglefrio, a phawb yn dyheu am dwrn i fynd ar y sglefr. Nid arhosent i un gymryd y sglefr a'r gweddill edrych arno. Aent un ar ôl y llall, a champ oedd troi oddi ar y sglefr cyn iddi gyrraedd y ceunant. Gwnâi'r bechgyn hyn drwy blygu eu cyrff o un ochr i'r llall a chodi eu breichiau i ymlywio. Eithr tueddai'r genethod i gadw eu dwylo yn eu pocedi, ac felly caent ei bod yn anos troi oddi ar y sglefr cyn cyrraedd ei diwedd. Gwnaeth Owen yr un fath â'r genethod, ond methodd ei dric a bu'n rhaid iddo neidio dros yr afon a'r ceunant i'r

5

ochr arall. Trawodd ei draed mor drwm ar y ddaear galed onid aeth
y boen ar hyd ei gorff fel miloedd o binnau, a theimlo fel pe trawsai
ei ben ac nid ei draed. Nid oedd gan neb amser i edrych a oedd wedi
brifo. Rhedodd yntau i fyny'r ceunant, lle medrai groesi'r afon ac
yn ôl at y sglefr.

'Y ffŵl gwirion,' meddai rhyw hogyn wrtho, 'pam na fasat ti'n
codi dy freichiau?'

''Roedd arna i *eisio* neidio trosodd,' meddai yntau.

'Tendia di rhag ofn iti landio yng nghanol yr afon,' meddai
rhywun arall.

Aeth 'y ffŵl gwirion' yn ddwfn i groen Owen. Ni fedrai gael y
geiriau na'r dôn y dywedwyd hwynt ynddi o'i glustiau. Ni fedrai
chwaith fyned ar y sglefr wedyn. Y gwir amdani oedd nad trïo
neidio'r ceunant yr oedd, ond fe'i hyrddiwyd bron trosodd gan y
twr bechgyn cryf a ddeuai ar ei ôl ag yntau'n fychan. Teimlai eu
bod ar ei wthio drosodd ac mai'r peth gorau a fedrai ei wneud oedd
neidio'n glir, a theimlai iddo fod yn ddeheuig iawn i fedru clirio'r
ceunant. Daliai'r bechgyn a'r genethod eraill i sglefrio y naill ar ôl y
llall, heb aros a heb flino, a chyda'u breichiau i fyny felly a'u cyrff ar
led-tro edrychent fel gwenoliaid ar eu hediad.

Cyn hir, sylwodd Elin nad oedd Owen yn sglefrio.

'Am beth wyt ti wedi stiwpio?' meddai hi.

Ond ni ddywedai Owen air.

'Rŵan, tyd yn dy flaen, a phaid â bod yn wirion.'

'Tydw i ddim *yn* wirion,' meddai yntau'n boeth, 'ac mi
ddangosa i i chi nad ydw i ddim chwaith.'

Cymerodd wib, a ffwrdd â fo ar y sglefr, a chan i'r lleill wrando
arno ef ac Elin, a thybio bod rhywbeth allan o le, rhoesant y gorau i
sglefrio, fel y cafodd Owen y sglefr i gyd iddo ef ei hun. Aeth hyd-
ddi cyn ysgafned â phluen, a medrodd droi oddi arni cyn cyrraedd
y gwaelod. Cafodd fonllefau o guro dwylo.

Traed Mewn Cyffion   *Kate Roberts*

Hela'r Dryw

'Awn i'r mynydd i hela,' medde Dibyn wrth Dobyn,
'Awn i'r mynydd i hela,' medde Rhisiart wrth Robyn,
'Awn i'r mynydd i hela,' medde Sionyn Pen Stryd,
'Awn i'r mynydd i hela,' medde'r cwbl i gyd.

'I hela beth?' medde Dibyn wrth Dobyn,
'I hela beth?' medde Rhisiart wrth Robyn,
'I hela beth?' medde Sionyn Pen Stryd,
'I hela beth?' medde'r cwbl i gyd.

'I hela'r dryw bach,' medde Dibyn wrth Dobyn,
'I hela'r dryw bach,' medde Rhisiart wrth Robyn,
'I hela'r dryw bach,' medde Sionyn Pen Stryd,
'I hela'r dryw bach,' medde'r cwbl i gyd.

'Beth pa bai rhywun yn ein gweld ni?' medde Dibyn wrth
                                        Dobyn,
'Beth pe bai rhywun yn ein gweld ni?' medde Rhisiart wrth
                                        Robyn,
'Beth pe bai rhywun yn ein gweld ni?' medde Sionyn Pen Stryd,
'Beth pe bai rhywun yn ein gweld ni?' medde'r cwbwl i gyd.

'Rhedwn i ymguddio,' medde Dibyn wrth Dobyn,
'Rhedwn i ymguddio,' medde Rhisiart wrth Robyn,
'Rhedwn i ymguddio,' medde Sionyn Pen Stryd,
A rhedeg i ymguddio wnaeth y cwbwl i gyd.

Traddodiadol

Hen Galan

Deffrwch ben teili
Dima flwyddyn newi
Wedi dwad ade
O fewn drwse,
Drwse yng ngha
Yng nghlo dros y nos.
Drwy'r baw a thrwy'r llaca
Daethon ni ima,
Drwy'r eithin weithe
Dan bigo'n coese.
Dima'n bwriad ninne
Mofyn bobo ddime;
Bwriad trwy gariad
Rhoddwch heb gennad.
Paste nas torrwch
Cwrw nas spariwch;
Plant ifenc i ni
Gollingwch ni'r tŷ,
Gollingwch ni'n gloi
Ne tima ni'n ffoi.

Traddodiadol

Santes Dwynwen

Yn ystod y chweched ganrif, glaniodd cwch ar un o draethau Môn. Ynddo 'roedd tri o bobl ifanc, dwy chwaer a brawd, wedi dod o dde Cymru. Yr oedd eu tad, Brychan, yn frenin ar ran o Ddyfed a de Powys. 'Roedd y teulu'n byw mewn plas, lle y byddai digon o hwyl a dawnsio i'w difyrru yn y llys. Deuai pendefigion yno'n aml, ac aent hwythau i gartrefi pendefigion eraill. Byd hapus yn llawn o bob moethau oedd eu byd.

Cynhaliwyd gwledd yn y plas a gwahoddwyd holl bendefigion y wlad yno. Un o'r rhain oedd Maelon Dafodrill, tywysog ifanc tal a gosgeiddig. Y funud y gwelodd Dwynwen, merch y brenin, ei wyneb, syrthiodd mewn cariad ag ef. Meddyliai Maelon yntau na welsai erioed ferch mor brydferch â Dwynwen yn ei gwisg laes o sidan coch a'i mantell hardd symudliw. Syrthiai ei gwallt melyn yn gawodydd dros ei hysgwyddau, a theimlai ei galon yn toddi gan ei serch.

Yn ystod y wledd, cyhoeddwyd dyweddïad y ddau, ac 'roedd llawenydd Dwynwen yn gyflawn pan roes ei thad ei fendith iddi.

Teimlai Maelon na allai aros eiliad hebddi. Ceisiodd ei pherswadio i fynd gydag ef i'w blas cyn priodi, ond gwrthododd hi'n bendant. Oherwydd hynny, fe gollodd ef ei amynedd a gadawodd hi.

Yn ei gofid, cerddodd Dwynwen i'r goedwig gefn nos, ac yno gweddïodd ar Dduw am gymorth. Wedi iddi weddïo am hir, llewygodd. Yn ei llewyg ymddangosodd Duw iddi, a rhoddodd iddi ddiod beraidd. Cyn gynted ag yr yfodd hi'r ddiod, teimlodd yn berffaith iach. Mewn breuddwyd gwelai Maelon yn cael peth o'r ddiod swyn ac fe'i troes yn dalp o rew yn fuan! Clywodd lais Duw yn cynnig iddi dri dymuniad. Dymunodd hithau fel hyn. Yn gyntaf, bod Maelon yn cael ei ddadmer. Yn ail, bod i'w gweddïau hi ar ran cariadon gael eu gwrando gan Dduw. Yn drydydd, na byddai hi byth eto eisiau priodi. Ac fe ganiatawyd ei dymuniadau iddi.

Pan ddaeth ati ei hun, penderfynodd fynd yn lleian, a dyna sut y daeth hi'n nawdd-santes cariadon.

Pais

9

Y Cŵn Hela

'Tali-ho!'
Medd pawb trwy'r fro
Fel rhai o'u co',
'Tali-ho!'
Mae'r cwm i gyd yn llawn o sŵn,
Carlamu meirch a chyfarth cŵn,
A phawb yn dilyn ar eu hôl
Dros glawdd a nant, dros ffridd a dôl;
Mae'r cotiau coch yn mynd fel tân
Ar hyd y lôn at Allt-y-frân.

'Tali-ho!'
Medd pawb trwy'r fro
Fel rhai o'u co',
'Tali-ho!'
Trwy'r allt yr ânt i gyd ar frys
A thros y cae at dŷ Siôn Prys;
I lawr i'r cwm a thros y clawdd
I waun Pen-lan, a neidio'n hawdd
Dros lwyni drain a chlwydi pren,
A chroesi gweirglodd fawr Dol-wen.

'Tali-ho!'
Medd pawb trwy'r fro
Fel rhai o'u co',
'Tali-ho!'
A'r pac bytheiaid ar ei hynt,
Ffy'r cadno chwimwth fel y gwynt,
Dros ysgwydd bryn a chefnen rhos
A groesodd ganwaith yn y nos,
Nes cyrraedd hollt hen Graig-y-rhyd,
Yn ddiogel mwy rhag cŵn y byd.

Blodeugerdd y Plant   *W. Rhys Nicholas*

10

CHWEFROR

Y Dyn Bach 'Ny o'r Wlad

(Rhan ola'r stori)

Ond ta pun, ôdd *stand tickets* 'da Wil a fi'r dyŵrnod 'ny, a fe ethon miwn yn weddol o gynnar o'r ffordd. Sete bach nêt ô'n nhw ed, a styried taw trw glwb Abertwrch ô'n ni wedi câl nhw. Ma'r sete gore yn mynd i'r clwbe mawr ar ddyŵrnod felna fel rheol—a hen fynŵod yn *scent* ac yn ffyr côts ac yn anwiboteth o un pen i'r nall yn ishte yn y sete gore 'gyd.

Wel, pan ô'n ni'n ishte fanny yn grindo ar y band a watshan y crowd, 'ma Wil yn troi ato i'n dawel:

'Wel, 'shgwl nawr te; 'shgwl beth wy i wedi'i gâl!'

'Beth?'

'Pregethwr bach, mi ddala'i swllt â ti.'

A wir, ôdd e'n gweud y gwir ed. Dyn cenol ôd â gwineb pinc fel gwineb babi, yn dishgwl yn rhy ddelicêt a rispectabl, druan, i weud gair wrth neb. 'Dôdd dim colar ci 'dag e'r dyŵrnod 'ny, ond un o nhw ôdd e, reit i wala.

'Beth yw e,' medde Wil, 'Sais ne ddyn, sgwni?'

'Gofyn iddo fe,' meddwn i.

'Na, gâd e fod yn y man 'na,' medde Wil. 'Os taw gwynitog yr efengyl yw e, 'dwy'i ddim yn mo'yn sharad yn neis 'da'r dyn cyn bo'r gêm yn dechre a falle mynd dros ben llestri cyn bo' ni'n mynd ôdd' ma. Na, gâd e fod. Wysh beth ar y ddiar bydda i'n weud cyn diwedd!'

Ond wir, w, 'ma'r dyn bach yn dechre sharad â ni cyn bo' ni'n gweud gair. Un o wŷr Shir Gâr ôdd e'n enedigol, ond lan tsha Hereford ôdd e nawr, a wedi dod lawr at i whâr yn Ferndale am y *week-end.* Ôdd e ddim wedi gweld *International* ariôd o'r blân . . . yn wir, 'doedd dim llawer o ddiddordeb 'da fe miwn ffwtbol, ond y diwrnod 'ny yr oedd i frawd-yng-nghyfraith ddim yn teimlo'n hwylus, ac yr oedd e felly wedi dod lawr i Gaerdydd i weld sut olwg oedd ar bethau . . . Wel, ie . . . yn y Weinidogaeth oedd e . . . sut o'en ni'n gwybod? . . . ie, gyda'r Annibynwyr Saesneg . . . ond oedd e'n barnu . . . mai gwell peidio dweud mwy a mwy am hynny ar ddiwrnod felna . . . !

'O, 'dôs ishe 'chi dimlo'n unig,' medde Wil. 'Ma cannodd o'ch short chi 'ma heddi. Wy'n cretu ych bod chi 'gyd yn lico dod off y tshain nawr ac yn y man!'

'. . . Wel, wir, 'roedd hynny'n ffordd go anarferol o roi'r peth, ond 'synne fe ddim, yn wir . . . !'

—A wir, dyna lle buon ni, yn wilia am dipyn o bopeth nes bo'r gêm yn dechre.

Fe fûws yn dawel iawn am y chwarter awr cynta. Wy'n cretu i fod e'n watshen y crowd yn fwy na dim, yn enwetig Wil a fi. Cofiwch, caled ôdd hi i ddoti'r sprag mlân a thrio bod yn weddol o didi; ond 'na fe, wedi'r cwbwl, whare teg i bregethwyr —ma jobyn bach diflas iawn 'da nhw.

Ta pun, miwn cwarter awr, 'ma Lloeger yn sgori. O'n i a Wil yn tyngu bod y bachan *off-side* yn derbyn y bêl, ond câl mynd 'nâth e 'da'r ryffyri—un o'r hen ddynon bach ffyslyd 'na o Sgotland, yn fold hed ac yn benlinie i gyd—rial hen gecryn bach dwl. Ta pun, fe'i chas hi'n ofnadw gan y crowd.

'Be—be sy'n bod?' medde'r gwynitog bach. 'Oes rhywbeth o le? Wnaeth y swyddog gamgymeriad, ŷchi'n feddwl?'

'Camgymeriad, myn yffryd i!' medde Wil. 'Allwn i feddwl 'ny. Os gofynnwch chi i fi, 'dwy'i ddim yn cretu bod y twpsyn yn gwpod beth mae e'n neud. Ôdd y bachan 'na sgorws bumpllath *off-side* w!'

'Ôdd, a rhacor ed,' meddwn i. 'Ôdd e ddegllath man llia.'

''Dych—'dŷchi ddim yn sôn! Wel, diar, diar, beth mae'r dyn beidio bod yn fwy gofalus, dwedwch chi! Piti, piti garw!'

'Fe gaiff e biti nawr os na shapiff e!' medde Wil, 'y—y—y bwtygynnen fach a shag yw e. Ma ishe sgrifennu i'r *Western Mail* am y ryffyris 'ma!'

Ond o'r diwedd 'ma *Wales* yn sgori. Ôdd hi ddim llawer o drei, wy'n cyfadde, ond fe gwnnws Wil a fi ar yn trâd. Pregethwr ne bido, ôdd rhaid i ni gâl yn pang mâs rywffordd ne'i gilydd, a ôdd hi off 'na, alla'i weud 'thoch chi! A whare teg i'r dyn bach, fe gwnnws *e* ar i drâd ed, ond clapo'i ddilo 'nâth e a gwenu o glust i glust a gweud 'Wel dyn, Cymru, wel dyn, wir. Go dda, yn wir!'

Fe gicwd y gôl ed, a ôdd Cymru ar y blân.

13

Wel, 'ma *half-time* yn dod, a 'chretech chi ddim o'r gwaniath ôdd y gêm wedi'i neud i'r dyn 'na. Ôdd e wrth i fodd. Dim ond y fe ôdd i glŵed am sbel ... Wel, wir, yr oedd e'n mwynhau'i hunan yn fawr. 'Doedd e ddim wedi breuddwydio erioed y buasai gornest o'r fath—ie, 'gornest', os gwelwch yn dda—yn medru bod mor anghyffredin o ddiddorol. 'Roedd y peth yn brofiad hollol newydd iddo fe, yn hollol newydd ... ac yn y blân ac yn y blân; ŷchi'n gwpod fel ma'r pregethwyr 'ma pan bo' nhw'n mynd idd u hwyl. Ys dywad Wil, yn wherthin dan i anal: 'Hm, ma fachan fydd lan yn Twickenham yn gweld y gêm y flwyddyn nesa, fe gei di weld! Mae e'n câl blas arni!'

A 'dwy'i ddim yn gwpod beth wetws Wil fan hyn wrtho fe i gyd yn ystod *half-time*. Y Sison ôdd yn i châl hi, ta pun: y stori am y Sisnes 'na ôdd yn byw drws nes i'dd'i whâr yn dwcyd y llîen bord 'ny ers lawer dydd ... Do, do, Wil, wy'n cofio'n nêt w ...

Ta pun, pan ddychrüws y gêm yr ail waith ô'n ni'n tri yn bartners mawr, a'r pregethwr bach yn mwynhau'i hunan cystel â neb.

Wel, diawch ariôd, braidd cyn bo' neb yn câl amser i glapo'i lyced, 'ma benalti i Lloeger, reit o flân y pyst! Am ddim-yw-dim mor belled ag ô'n ni'n gallu'i weld.

'Ma Wil fanna yn nido i'dd'i drâd a dechre tynny stripen dros y ryffyri.

Rhecws e ddim: fe weta i 'ny. Ond 'na'r peth mwya *tepyg* i recu glŵes i ariôd.

'Be—be sy'n bod *nawr* 'to?' medde'r gwynitog. ''Dŷchi ddim yn meddwl awgrymu bod y dyn wedi gneud camwri arall â ni? Ddim yr ail waith?'

'Oti, a os gofynnwch chi i fi, ma'r corgi brwnt yn gwpod beth mae e'n neud nêt ed, y—y—*camwrwr* a shag yw e! 'Na'r gwitha o'r hen Sgotchmen 'ma: fe wnewn nhw rhwpeth am arian. Hai, *play the game, you old rodney*!'

Gyta 'ny, 'ma ffwl-bac Lloeger yn cicio'r gôl.

Ôdd Wil fanna yn cyrnu yn i natur ... Ot, ôt, Wil, ma rhaid iti gyfadde. Ot ti'n anweddus, i weud y gwir. Fe halest y dyn bach yn gmysglyd reit.

'Wel, be sy ar y dyn, dwedwch!' medde fe. 'Dyna Lloeger ar

14

Ta pun, fe'i chas hi'n ofnadwy gan y crowd

y blaen eto yntê? Wel, wir, 'rwy'n ofni y bydd rhaid i minne ddweud rhywbeth go lym yn y funud!'

'Ie, whadwch chi mlân,' medde Wil. 'Fe fyddwn ni gyta chi, pidwch â becso!'

A 'na, fel gwelwch chi 'dd hi'n amal, 'ma'r gêm yn setlo lawr i beth ma'r papure yn i alw'n *ding-dong affair,* os wy i'n cofio'n reit: Lloeger yn cîed y gêm lan yn dynn, a Chymru'n ffili'n deg â neud dim yn reit. Nôl a mlân, nôl a mlân yng ngenol y ca o hyd, a'r crowd wedi tawelu a diflasu i gyd.

'Hm,' medde'r dyn bach, pan ôdd y gêm yn tynnu tua'r diwedd, 'dyma sefyllfa go anobeithiol, yntê? 'Rwy'n ofni bod pethe yn edrych yn o dywyll, gyfeillion. Ac yn erbyn Lloeger, o bawb! Piti, piti mawr.—Haisht—dyco hi!'

—Yn sydyn 'ma fforwards Cymru yn câl y bêl wrth u trâd, a ma nhw off â hi. Ôdd hi'n drei bob cam o'r ffordd os ŷchi'n gwpod beth wy'n feddwl; ôdd dim a sefe o'u blân nhw, a 'ma'r Sison yn câl mynd wrth u cluste. 'Ma'r stand i'dd'u trâd, fel un dyn a dechre sgrechen—y sgrech hir ddwfwn 'na, yn cwnnu'n uwch bob iliad, nes bo'r lle yn shiglo bob tamed—a Wil a fi yn neud cyment o sŵn â neb, wrth gwrs.

Wel, yn naturiol, 'dôs dim amser 'da neb i sylwi ar ddynon erill pan bo rhwpeth felna'n dicwdd; ŷchi'n rhy fishi yn neud ffŵl o'ch hunan i neud 'ny.

Ond i aped y farn, licswn i 'ta chi wedi gweld y dyn bach 'na y funed 'ny! Ontefe, Wil?

Sgrechen, wetsoch chi! Wel, 'na'r peth mwya tepyg i blentyn yn câl y stagals weles i ariôd! Nid gwaedd ne floedd dyn yn i faint ôdd e, ond rhyw sgrech fain, wichlyd, nôl yn bell yn i lwnc e, fel ta fe'n mocu yn gwmws—y llishe mwya oerllyd glŵes i ariôd. A phan sgorws Cymru'r drei, wel, wir, gretes i y bu'se fe'n tacu'n deg. Gyta 'ny, 'ma'r ffeinal whisl yn mynd.

Pan ddiallws e taw *Wales* ôdd wedi ennill trwy'r cwbwl . . . W—yh! medde fe—a 'ma fe'n cwympo nôl yn gèg ar y sêt miwn 'aint.

Wedi iddo fe ddod nôl i'dd'i hunan, a'r crowd wedi mynd, 'ma Wil a fi yn clymu'i sgarff e am i wddwg e, doti'i fenyg e ar i ddilo fe, a bytwnno'i got e'n didi. Ond erbyn dishgwl rownd, ôdd i het e ar goll; ôdd dim sôn am i fowler e yn unman.

'Wel, dyna i chi beth rhyfedd, yntê?' medde fe'n hurt. 'Be ar y ddaear alle fod wedi digwdd iddi? 'Roedd hi ar 'y mhen i'r funud 'ma!'

'Fe allwch chi fentro fod rhywun wedi'i thwcyd hi,' medde Wil. 'Ma llatron ofnadw yng Nghardydd ar ddyŵrnod fel hyn!'

—A wir, y peth cynta gorffod i ni neud ôdd mynd i brynu bowler newydd i'r dyn bach.

Ond y *fe* dalws am y te, whare teg: *plaice and chips a fruit salad*, ontefe, Wil? ... Ie, *a pastries*—wyt ti'n itha reit ... Fe wrthodws yn deg â gatel un o' ni dalu dime. Ôdd e'n hawlio'r fraint a'r anrhydedd am brynhawn *cofiadwy* iawn, medde fe.

Wedi te, ta pun, fe ethon i'dd'i heprwn e bob cam i Steshon y Taff.

A dyna lle gadawson ni fe: yn pwyso mâs drw'r ffenest wrth bo'r train yn mynd; gwên fach serchus ar i wineb e, ac yn gweud yn i laish pwlpit gore, fel pregethwr Cyrdde Mawr 'da'r Methodistied yn cwnnu'i destun: 'Pleidiol rwyf i'm gwlad, gyfeillion. *Come on, Wales,* yntê?'

Cap Wil Tomos   *Islwyn Williams*

Gwneud Crempog

Mi feddyliais y buaswn i'n gwneud crempog iddyn nhw i de. 'Chawn i byth drio gwneud crempog gin mam, a mi *roedd* arna i isio. Roeddwn i'n meddwl mai peth reit hawdd oedd o, ac y medrwn i eu troi nhw mor handi ag y bydd mam, ond y peth sy'n edrach hawdda yn amal iawn yw'r peth anhawsa i'w wneud. Doedd wiw i mi feddwl am aros adra o'r ysgol Sul, ond mi cymysgais i nhw cyn mynd a'u rhoi nhw ar y pentan i godi. Penderfynais y down i allan ar ganol 'r ysgol er mwyn i mi gael 'u crasu nhw cyn i Bob a 'nhad ddwad adra. Y gwaetha oedd y buasai pobol yn meddwl fod acw rywun diarth, a 'mod i'n mynd adra i wneud te iddyn nhw. Ond dyna beth wnes i.

Y peth cynta welais i pan ddois i i'r tŷ oedd y pot sy'n dal siwgwr ar 'i ochor ar y bwrdd a phob mymryn ohono fo wedi mynd. Wrth gwrs, Pero oedd wedi 'i fwyta fo i gyd; roeddwn i wedi anghofio 'i gadw fo yn y cwpwrdd cyn mynd i'r ysgol ar ôl cymysgu'r crempog. Wedi i mi dynnu fy het a'm siaced, a rhoi ffedog o fy mlaen, mi es ati i'w crasu nhw ar y badell. Ond dyn â fy helpo i, mi welis nad oeddwn i wedi gwneud fy ngwaith yn tôl. 'Welsoch chi rioed y fath olwg ar grempog. Roeddwn i'n methu'n glir â dyfeisio sut roedd mam yn medru 'u troi nhw mor handi. I wneud pethau'n waeth mi losgais fy mys, ond gwaeth na'r cwbwl mi ddoth 'nhad a Bob adra a Twm Tŷ Mawr hefo nhw, Bob wedi gofyn iddo ddod acw i de.

'Beth yn y byd ydi hwnnw, Sioned?' gofynnodd Bob, gan edrych ar y platiad crempog, neu y peth tebyca i grempog oeddwn i wedi allu 'i wneud.

'Crempog,' meddwn i reit gwta. Rhoes Bob chwibaniad, ac mi drois i fy wyneb at y dresar, achos roedd 'y mys i'n llosgi cymaint, a roeddwn i wedi blino sefyll wrth ben y tân nes oeddwn i bron â chrio. Mi welodd Bob fod petha wedi mynd o chwith hefo fi, a dyma fo'n cymryd darn o'r crempog ac yn rhoi un arall ar blât Twm.

'Maen nhw'n reit dda, Sioned,' medda fo, 'jest gin gystal â rhai mam. Yn tydyn nhw, Twm?' gan droi at Twm.

'Splendid,' medd hwnnw, ''chlywais i rioed rai gin gystal.'

'Chymerai 'nhad ddim ohonyn nhw, a mi roedd o'n reit gall hefyd. Doedd Bob a Twm ddim yn 'u bwyta nhw ond am fod ganddyn nhw biti drosta i.

'Oes gin ti chwaneg o siwgwr, Sioned?' gofynnodd Bob, gan grafu gwaelod y bowlen wag â'i lwy.

'Nag oes; mae Pero wedi 'i fwyta fo i gyd tra oeddwn i'n yr ysgol. Mi ddaru mi anghofio cadw'r pot ar ôl bod yn cymysgu'r crempog.'

Mi chwarddodd Bob a Twm dros bob man. '*Well done,* Pero,' gwaeddodd Bob. A Pero'n rhedeg ato fo ac yn ysgwyd 'i gynffon fel tasa fo wedi gwneud rhywbeth clyfar iawn. Ond dyma Bob yn rhoi edrychiad reit ddifrifol cogio, ac yn dweud yn sobor,

'Dyma ganlyniadau gwneud crempog ar ddydd Sul. Y peth cynta—colli'r siwgwr; a'r ail—llosgi dy fys. O waeth i ti heb a thrio 'i guddio fo, dwi'n gwybod dy fod di wedi'i losgi fo, a rydw i'n cynnig nad ydi crempog ddim i gael 'i gwneud ar ddydd Sul eto.'

'Mi rydw i'n eilio'r cynigiad, pawb sy'n cyd-weld i wneud arwydd trwy godi eu llaw,' medda Twm.

Mi godais i 'nwy law gin uchad ag y medrwn i, achos roeddwn i wedi penderfynu na wnawn i byth grempog eto ar ddydd Sul; na dydd Llun chwaith.

Sioned   *Winnie Parry*

19

Wraig y tŷ a'r teulu da
A welwch chwi'n dda ro'i crempog,
A lwmp o fenyn melyn mawr
Fel 'r aiff i lawr yn llithrig.
Os ydych chwi yn wraig lled fwyn,
Rhowch arno lwyed o driag;
Os ydych chwi yn wraig lled fwyn,
Rhowch arno lwmp o fenyn.
Mae rhan i'r gath, a chlwt i'r ci bach
A'r badell yn grimpin grempog;
Cewch iâr Ynyd, gribgoch lân,
A llwyth o fawn i gadw'ch tân.

Traddodiadol

Dydd Mawrth Ynyd
Crempog bob munud.

Dydd Sul Ynyd, Dydd Sul hefyd,
Dydd Sul a ddaw, Dydd Sul gerllaw,
Dydd Sul y Meibion, Dydd Sul y Gwrychon,
Dydd Sul y Blodau, Pasg a'i ddyddiau.

Traddodiadol

Modryb Elin ennog,
Os gwelwch chi'n dda ga'i grempog?
Cewch chwithau de, a siwgr gwyn,
A phwdin lond eich ffedog.
Modryb Elin ennog,
Mae 'ngheg i'n grimp am grempog;
Mae mam yn rhy dlawd i brynu blawd,
A Siân yn rhy ddiog i nôl y triog,
A nhad yn rhy wael i weithio;
Os gwelwch chi'n dda ga'i grempog?

Traddodiadol

MAWRTH

Dewi Sant

Mae mwy nag un ysgol yng Nghymru wedi'i galw yn Ysgol
Dewi Sant. Ond ble bu Dewi Sant ei hun yn yr ysgol tybed?
Roedd e'n byw mor bell yn ôl, bron i fil a hanner o flynyddoedd
yn ôl, fel nad oes neb erbyn heddiw yn gwybod yr ateb.

Rwyf i'n hoffi meddwl mai yn Llanilltud Fawr, ym mro
Morgannwg, y bu Dewi yn yr ysgol. Mewn ysgol yn perthyn i
fynachlog, gyda Sant Illtud yn bennaeth arni. Nid mynachlog
fawr, hardd, fel y rhai a godwyd yn yr Oesoedd Canol, ond
adeiladau bychain wedi'u gwneud o fawr ddim cryfach na
choed a gwiail wedi'u plethu, a ffens o goed yn amddiffynfa o'u
cwmpas. Lle prysur, serch hynny, gyda phawb yn gweithio'n
galed, a llawer o ymwelwyr yn dod yno o lawer man.

Roedd Sant Illtud yn athro enwog, a sôn am ei wybodaeth
eang ym Mhrydain a thros y môr. Onid oedd yntau yn ei dro
wedi bod yn ddisgybl i Sant Garmon? Yn awr dyma fachgen
ieuanc yn ddisgybl iddo yntau, bachgen a oedd i fod ryw ddydd
yn nawddsant Cymru.

Pa bynciau a ddysgai Dewi? Yr iaith Ladin bid siwr. Er bod y
Rhufeiniaid wedi gadael Prydain, yr oedd eu hiaith i fod yn
bwysig am ganrifoedd dros gyfandir Ewrop i gyd. Yna,
gwybodaeth drwyadl o'r Beibl ac o hanes yr eglwys. Dysgu
areithio hefyd. A rhifyddeg. Rhaid oedd i fynach fel pawb arall
wybod rhifyddeg.

Ac nid gwybodaeth llyfr yn unig. Rhaid oedd gwybod cryn
lawer am drin y tir a chadw anifeiliaid. Seryddiaeth wedyn, gan
gofio y byddai ryw ddydd yn teithio ymhell ar dir ac ar fôr. A
gwybod rhywbeth am adeiladu a sut i fyw'n ddiogel mewn byd
lle'r oedd gwŷr arfog yn crwydro o fan i fan ac yn ysbeilio.

Roedd rhywbeth i'w wneud ar hyd y dydd, o doriad gwawr
hyd fachlud haul. Dysgu ysgrifennu'n gain a destlus efallai er
mwyn copïo llyfrau cyfain ryw ddiwrnod. Gallwn ddychmygu
Dewi'n sgrifennu gweddi'r Arglwydd, gan ddechrau, *Pater
noster qui es in coelis* . . . Cyn hynny, wrth gwrs, byddai wedi
gorfod darparu pluen ac inc mewn lliwiau addas. Gwnâi yr inc o
sudd llysiau'r maes a ffrwythau'r coed.

Yn wir, daeth mynachod Celtaidd yn enwog am eu sgrifennu cain. Un llyfr arbennig o hardd yw Llyfr Kells, rhannau o'r Beibl wedi'u hysgrifennu gan fynachod o'r Iwerddon. Mae'r llyfr hwn i'w weld yn awr yn Iwerddon yng Ngholeg y Drindod, Dulyn.

John Davies

Gwnewch y Pethau Bychain

Dydd Sul y canodd Dewi offeren ac y pregethodd i'r bobl, a'i gyfryw ni chlywyd, ac wedi ef byth ni chlywir . . . Ac wedi darfod y bregeth ac offeren y rhoddes Dewi yn gyffredin ei fendith i bawb o'r a oedd yna. Ac wedi darfod iddo roddi ei fendith i bawb y dywad yr ymadrodd hwn: 'Arglwyddi, frodyr a chwiorydd, byddwch lawen, a chedwch eich ffydd a'ch cred, a gwnewch y pethau bychain a glywsoch ac a welsoch gennyf i.'

Buchedd Dewi   *Rhigyfarch*

Fy Nhad

Ymhyfrydai yn nhlysni creadigaeth Duw. Rhodiai'r caeau gyda'r gwanwyn a dygai flodeuyn cyntaf ei ryw i ni—llygad y dydd, clust yr arth, dôr y fagl, cynffon y gath, blodau'r taranau, y goesgoch, hosan Siwsan, clychau'r gog, anemoni'r coed, blodyn cof—a phob blodyn a dyfai hyd lechweddau a gweirgloddiau ein cartref mynyddig.

Gwelai ffurfiau prydferth a lliwiau gogoneddus yn y cymylau, a llawer noson o haf ein plentyndod a dreuliasom gydag ef i weled y rhyfeddodau hynny. Byddai wrth ei fodd o flaen tân coed ar hirnos gaeaf; gwelai'r gwreichion yn ymffurfio'n bob llun a dangosai ryfeddodau i ni yn y rhai hynny. A holl lu y nefoedd ar noson rewllyd—hyfrydwch Pleiades a rhwymau Orïon, Mazzaroth ac Arcturus, a'i feibion—ymgollai mewn mwynhad pan gymerai fi ar ei fraich, yn blentyn pedair oed, i ddangos imi amrywiaeth diderfyn yr ehangder mawr.

Clych Atgof   *O. M. Edwards*

Gwlad Hud

(Detholiad)

Wanwyn, pan ddôi addwyn ddyddiau,
Galwai'r blodau at ei gilydd,
Torrai gloau eu trigleoedd,
O'u tywyllwch neidient allan;
Dôi Briallu yno i wenu,
Coch a gwyn a brith a melyn;
Briallu Mair ym môn y clawdd,
A'r Geden Werdd a'r Gadwyn Aur;
Ac wrth y ddôr yn swil ymagor
Rhos bach gwynion a melynion;
Dail Cyrn hirion, gloew-wyrdd, irion,
Hen Ŵr peraidd ger y pared,
Mwsogl hefyd, Mwsg a Lafant,
A Drysïen draw, a'u sawyr
Gyda'r hwyr yn brwysgo'r awyr;
Ffiled Fair yn rhuban disglair,
Rhes fach fain o Falchter Llundain,
Hwythau'r Cennin Pedr yn edrych
Yno megis sêr disberod,
Haid, am ennyd wedi mynnu
Gado'u rhod am goed yr adar.

Caniadau   *T. Gwynn Jones*

Ffair Gorwen Fawrth

Dacw gyrraedd Corwen. Gwartheg o'r stesion at y Crown, y rhai mwyaf gwerinol yn y pen yma, a rhai mwy aristocrataidd fel yr ymlwybrem ymlaen.

Symud i'r Sgwâr. Yno yr oedd y perchyll yn gwichian mewn troliau. Arswydo braidd. Mentro at y 'Royal Oak' i ganol marchnad y ceffylau. Twr o ferlod mynydd wrth dalcen y tŷ. Awyddu am ruthro i fwng un ohonynt.

Clywed miwsig gwahanol i 'Sŵn y Jiwbili'. Gwrando a chlustfeinio. 'Be wnawn ni dywed? Mentro?' Onid oeddym wedi taro erbyn hyn ar lafn a fu yno o'r blaen, a phig ei gap at ei glust! '*Three balls a penny, noc em down!*' Os medrem gartref, daro rhes o bolion, hefo cerrig, heb fethu, pam na fedrem falurio catiau clai mewn ceg enfawr ar wyneb o dun? Llwyddo, a chael blas.

Gweld peli lliwgar yn chwarae i fyny ac i lawr ar flaen rhyw bistyll main. Oni fuom yn diffodd cannwyll hefo gwn ciaps gartref? Trio, anelu, cau llygaid, tynnu'r trigar, clec! Y peli'n dal i chwarae. Ofni braidd. Cilio at gylch o laslanciau, a gweld un yn taro cog o bren hefo gordd, nes bod lwmp o haearn yn dringo llipryn o bolyn main, a chanu cloch ar eu gorun. Cael achos i ddotio. Symud o stondin i stondin a'r pres yn prinhau, nes yr aeth hi'n hwyr y nos. Cael cyfle i wario y ddime olaf am India Roc wrth y llidiart. Pum milltir o gerdded adref. Cofio amser brecwast drannoeth, a'n tad yn tyngu llw na chaem fynd i 'Ffair Gorwen Fawrth' byth mwyach, pe nadem nes y byddai gwyn ein llygaid allan!

Y Pethe   *Llwyd o'r Bryn*

Nythod y Brain

Mae stryd o dai yng nghoed Blaencwm
  A'r mamau'n dweud eu pader,
Y plant i gyd yn cysgu'n drwm
  A'r gwynt yn siglo'r gader.

Ni fu yr un cynllunydd fry
  Yn trefnu'r mesuriadau,
Dim ond rhyw saer mewn dillad du
  Fu'n codi'r adeiladau.

Cadwyd telerau'r Cyngor, do
  Parchwyd pob deddf a rheol,
Gofalwyd codi'r tŷ bob tro
  Yn ddigon pell o'r heol.

Rhyw syllu tua'r nen a'r ddôl
  Y maent, 'r un fath â'r llynedd,
Disgwyl i'r heuwr ddod yn ôl,
  Dyna i chwi amynedd!

Ail Gerddi Isfoel   *Isfoel*

Yr hwn a dynno nyth y dryw
Ni chaiff weled wyneb Duw.

Yr hwn a dynno nyth y frân
Fe gaiff fynd ryw ddydd drwy'r tân.

Yr hwn a dynno nyth y robin
Caiff ei grogi gyda chordyn.

Yr hwn a dynno nyth gwenolen
Caiff fyw yn llwm heb dŷ na choden.

Traddodiadol

EBRILL

Ebrill

Yr oedd Ebrill yn y berllan. Yr oedd awel yn nyddu yn y glas-wellt, ac yn rhwbio'r blagur afalau yn ei gilydd ac yn gwthio rhai ohonynt oddi ar y cangau yn gawod binc, araf, gyson i'r ddaear. Rhwng y coed safai trawstiau o haul ar ŵyr, ac o dan y coed gylchau a sgwarau a thrionglau o haul wedi'u fframio mewn cysgodion cangau. I fyny, rhwng y cangau, yr oedd awyr las a blagur yn gymysg, y peth tebycaf i bapur wal ffres yn stafell merch. Ac yn y clystyrau blagur yr oedd adar, yn canu'r gerdd gynnar honno na chanant mohoni wedi i Ebrill ymdoddi'n Fai.

Yn Ôl i Leifior   *Islwyn Ffowc Elis*

30

Canys wele, y gaeaf a aeth heibio, y glaw a basiodd, ac a aeth ymaith;

Gwelwyd y blodau ar y ddaear, daeth amser i'r adar i ganu, clywyd llais y durtur yn ein gwlad.

Caniad Solomon, 2, 11-12

31

Siop Ffŵl Ebrill

Mae siop yn Ynys Enlli
   Gerllaw i Benrhyn Gŵyr
Sy'n gwerthu pethau rhyfedd:
   Paham? Does neb a ŵyr.
Cewch yno ryfeddodau 'n stôr,
A'r tâl yw cregyn gwyn y môr.

Mae Hen Wraig Fach Cydweli
   Tu ôl i'r cownter pren
Yn gwerthu losin melyn
   Gan sefyll ar ei phen.
A Phegi Ban sy'n prynu jam
A'i lardio'n drwch ar frechdan ham.

Fe ddaw Siân Elin yno
   A phowlen yn ei llaw
I 'mofyn pwys o gwmwl
   A hanner-peint o law
Cyn mynd yn ôl drot-drot i'r dre
I grasu teisen reis i de.

Hon ydyw'r siop ryfeddaf
   Erioed fu yn ein tir;
Ni welais i mo'i thebyg hi
   Yn unman,—naddo wir!
Ac os y'ch chi'n fy nghredu i,
'Ffŵl Ebrill bawb! Fe'ch twyllais chi!'

Cwlwm, 1978   *Aneurin Jenkins-Jones*

Pan fydd hi'n bwrw glaw

Mi fydda i'n meddwl mor annifyr ydi hi ar blant sy'n byw mewn tai heb entri, does ganddyn nhw nunlla i fynd pan fydd hi'n bwrw glaw. Mi fyddwn ni'n chwara pob matha o betha yn yr entri: chwara tic; chwara cuddio; neidio dros gerrig a matia; chwara marblis; sbonc llyffant a chwara doctoriaid a nyrsus; chwara tŷ bach ac ysgol a smalio carlamu'n wyllt wallgo ar geffyla. Fi ydi Madam Wen sy'n rhedeg drwy'r gwyll ar fy ngheffyl gwyn. Rydw i'n gwisgo hen lian bwrdd fel mantell am fy sgwydda, ac yn carlamu'n ddi-ofn dros y llethra a thrwy gorsydd i ddwyn eiddo oddi ar y cyfoethogion i'w rannu rhwng y tlodion. Mae fy chwerthin yn enwog drwy'r fro . . . does neb yn gwbod pwy ydi Madam Wen.

Mae'n well gan Gwen chwara bod yn fam. Mi fydd hi'n ista ar y matia ac yn cymryd arni fwydo'r babi a chanu hwiangerdd iddo.

> *Cysga di fy mhlentyn tlws*
> *Cysga di fy mhlentyn tlws*
> *Cysga di fy mhlentyn tlws*
> *Cei gysgu tan y bore.*

Tyfu   *Jane Edwards*

33

Darfu'r gaeaf, darfu'r oerfel,
Darfu'r glaw a'r gwyntoedd uchel;
Daeth y gwanwyn glas eginog,
Dail i'r llwyn, a dôl feillionog.

Fe ddaw Gŵyl Fair, fe ddaw Gŵyl Ddewi,
Fe ddaw'r hwyaden fach i ddodwy,
Fe ddaw'r haul fach i sychu'r llwybre,
Fe ddaw 'nghariadau innau'n drwpe.

Croeso'r gwanwyn tawel cynnar,
Croeso'r gog a'i llawen lafar;
Croeso'r tes i rodio'r gweunydd,
A gair llon, ac awr llawenydd.

Hen Benillion

Mi halas lawer blwyddyn
I ganu gita'r ychin,
Bara haidd a chosyn cnap—
Dim tishan lap na phwdin.

O dewch, yr ychen gwirion,
Hir gyrnau, garnau duon,
Yn ddarnau chwelwch chi y tir
Ac ni gawn lafur ddigon.

Sŵn nentydd godre'r mynydd
Sy'n gwneud fy myd yn ddedwydd,
Rhwng cyrn yr arad, canu'n llon,
'R wy'n myned bron yn brydydd.

Tribannau Morgannwg

Wyau Pasg

Ac ni ddylid anghofio cardod y Nadolig ac wyau Pasg.
Edrychid ar y rhain fel arferion parchus gynt. Nid dirmygus
pob cardota ... Derbynnid ni'n siriol a charedig. Arferem
ysgwyd rhyw declyn pren, a wnâi sŵn tebyg i regen ryg, wrth
hel wyau Pasg.

Stori 'Mywyd   *Pedrog*

Clap clap ar y plwy
Bachgen bach yn mofyn ŵy.

Clap clap gofyn ŵy
I hogia bach ar y plwy.

Clip clap dau ŵy
Un i mi ac un i'r plwy.

Traddodiadol

Pan welych di y ddraenen wen
A gwallt ei phen yn gwynnu,
Mae hi'n gynnes dan ei gwraidd,
Hau dy haidd os mynni.

Gwych ydyw'r dyffryn, y gwenith, a'r ŷd,
A mwyndir, a maenol, ac aml le clyd,
Y llinos a'r eos a'r adar a gân;
Ni cheir yn y mynydd ond mawnen a thân.

Hen Benillion

Dyddiau Difyr

'Roedd y chwarter milltir o gwmpas Caedoctor yn nefoedd i
mi. Yno'n unig yr oeddwn i'n eofn rhydd, ar fy mhen fy hun yn
gawr i gyd heb orfod cystadlu â neb. Digonedd o goed cnotiog
canghennog i'w dringo, ac os, ar ôl ymlafnio, y methwn i, pa
wahaniaeth, 'doedd 'na neb i weiddi siwgr genod ar f'ôl i; na
neb a ddywedai'r drefn wrtha'i am rwygo fy nillad, chwaith.
Afon a phyllau dwfn peryglus ynddi hi, a minnau ar fy mol ar
gerrig yn ei chanol yn goglais brithyll a'u dal. Pwll diwaelod yng
nghae Cefnrhengwrt i sglefrio arno yn y gaea'. Mi fyddai'n
rhewi'n galetach ers talwm, 'choelia'i byth! Siglo heb ias o ofn ar
frigau bregus coed eirin i hel eirin i nain i wneud jam. Mentro
ymhellach weithiau lle'r oedd yr afon yn mynd i'r môr heibio i
Glanrafon i gyfeiriad y Belan, efo coes rhaw a fforc wedi ei
chlymu wrth ei blaen i ddal lledod. Yn y dŵr, â'm dau droed yn
dynn wrth ei gilydd i wneud lle gwag rhwng eu gwadnau,
disgwyl i ledan fach fwy diniwed na'r lleill lithro yno i gael ei
thrywanu. Herio tonenni Nant Cae Ffridd i gael gafael ar
ddaffodil neu iris mwy pryfoclyd anghyraeddadwy na'i gilydd.
Meddwl fy mod i'n goblyn o foi yn dwyn ffa neu bys neu rwdan
neu feipan o gae Cefnrhengwrt, ond yn gwybod yn iawn yn fy
esgyrn, hyd yn oed pe cawn fy nal, na wnâi Wil Jos na Mag
wneud dim ond deud, 'Wel, y mach annwyl i, p'asa ti'n deud
dy fod ti isio rhai?' 'Doedd yno neb i chwerthin am fy mhen os
teimlwn fel dal cacwn mewn pot jam neu hel briallu neu flodau
menyn neu Robin Grynwr neu fefus gwyllt neu fwyar duon.
Mae hel mwyar duon yn dal yn bleser hudolus. 'Doedd neb yn
chwerthin am ein pen, gyda llaw, am hel cnau. Od, 'te? Cysgu
yn y daflod ac yn y bore bach rhwng cwsg ac effro clywed dwy
fuwch drws nesa' yn aflonydd yn eu haerwy a'r gaseg a'i mydr
undonog yn troi a throi'r llorp i gorddi; a phan ddeuai pidog o
oleuni drwy'r ewin o ffenestr yn y to darllen *Cymru'r Plant* a'r
Cymru Coch yr oedd cyflenwad ohonyn nhw yn y gist o dan y
gwely. Ac un llyfr arbennig—Gwylliaid Cochion Mawddwy.
'Rwyf wedi chwilio a chwilio ers hynny ond methu ei gael.
Gorau oll, am wn i, rhag ofn imi wrth ei ddarllen eto, gael fy

nadrithio. Trwy drugaredd ni ddaw nain na Mary Jones na'r brithyll na'r lledod na'r pys na'r ffa na dim a oedd eiddo Cae-doctor byth yn ôl i'm dadrithio. Maen nhw'n dragwyddol ddifrycheulyd yng nghas gwydr fy nghof i.

Atgofion   *John Gwilym Jones*

Fy amser i ganu yw Ebrill a Mai
A hanner Mehefin, chwi wyddoch bob rhai.

Traddodiadol

Y mae'r adar bach yn nythu,
Dyddiau C'lanmai sydd yn nesu.
Cymerwch galon, fy mwyn frodyr,
Fe ddaw gwaith i fin y bladur.

Mi godais heddiw'r bore,
Mi welais gywion gwydde,
Egin haidd, ac ebol bach,
O, bellach fe ddaw C'lanme.

Llidiart newydd ar gae ceirch,
A gollwng meirch o'r stable,
Cywion gwyddau, ebol bach,
Pam na ddaw bellach G'lanme?

Hen Benillion

MAI

Y Fedwen Haf

Daeth y canu a'r dawnsio yn ôl i Ffair Dynewid y flwyddyn honno. Dyna rywbeth tebyg i ffair, meddai'r hen bobl, a dechrau sôn am eu dyddiau ifainc yn amser y Brenin Siarl (Duw gadwo'i enaid) cyn i Olifar a'i griw esgymuno chwerthin o'r tir.

Taech chi'n gweld y fedwen haf anferth ar lawnt Dolgellau yn yr amser hwnnw, meddent, a'r dawnswyr Morus o Amwythig yn neidio ac yn chwifio'u cadachau, a'r ymladd ceiliogod, a'r arth fwya' yn y byd, a'r byddigions yn dod lawr o Nannau a'r Hengwrt i daflu ceiniogau i'r plant. A ninnau hefyd, o ran hynny, er na choeliech chi fyth wrth edrych arnon ni rŵan, yn dawnsio ac yn canu'r Cadi Ha gyda'r gorau. Chwith meddwl iddyn nhw 'rioed golli gafael, y dawnsio a'r rhialtwch . . .

. . . A'u traed yn symud i rythm y dawnsio, gloywai llygaid yr hen ddynion wrth glywed yr hen eiriau cyfarwydd

> Hwp Ha Wen, Cadi Ha,
> Morus Stowt, dros yr uchlen neidio,
> Hwp dyna fo.
> A chynffon buwch a chynffon llo
> A chynffon Rhisiart Parry'r Go,
> Hwp dyna fo . . .

Y Stafell Ddirgel   *Marion Eames*

> Gwcw G'lanme, cosyn dime,
> Coes y frân ar ben y shime.
>
> Gwcw G'lanme, cosyn dime,
> Gwcw Gŵyl Fair, cosyn tair.
>
> Gwcw G'lanme, cosyn dime,
> Gwcw ha, cosyn da.

Traddodiadol

40

Gŵyl Mai

Un o ddyddiau mawr ieuenctid modryb Nel oedd Gŵyl Mai. Cyn ei hamser hi âi'r bechgyn ifainc at y fedwen yn gynnar yn y bore gan ganu ffidil a dawnsio o'i hamgylch. Yn nyddiau modryb, arferai'r llanciau a'r llancesau fynd i'r coed gyda thoriad gwawr i dorri canghennau gwyrddion i addurno'u tai. Gorymdeithient drwy'r pentref, gwŷr yr offerynnau, y corn, y ffliwt a'r ffidil yn arwain, a phawb arall yn eu dilyn gan ganu tonau Gŵyl Mai ar eu gorau.

Wedi iddynt gyrraedd y coed, torrai pob un o'r cwmni gangen o goeden, ac oni fyddai blodau Mai yn digwydd tyfu arni, addurnent y goeden â blodau. Yna, torrent fedwen, a'i chludo mewn cert fferm i'r pentref. Gosodent hi ar gae gwastad Tŷ Llwyd fel rheol. Yna byddai pawb yn chwarae ac yn dawnsio o'i hamgylch.

Wrth gwrs, rhaid oedd addurno'r goeden. Gofalai pawb ei bod yn llawn o flodau a rubanau a baneri amryliw ac âi rhai ati i lunio coronau blodau i'w gosod ar y canghennau.

Atgofion Ceinewydd   *Myra Evans*

41

Dafi bach a minne
Yn mynd i gadw ffair,
Dafi'n gwerthu pinne
A minne'n gwerthu gwair.
Dafi bach a minne
Yn prynu yn y ffair
Geffyl am y pinne
A gwagen am y gwair.

Elwyn bach a finne
Yn mynd i ffair y Glame,
Dod yn ôl ar gefn y frân
A phwys o wlân am ddime.

Tomos Jones yn mynd i'r ffair
Ar gefn ei farch a'i gyfrwy aur,
Ac wrth ddod adre cwyd ei gloch
Ac yn ei boced afal coch.

Traddodiadol

Yn Was Bach

Un o ddyddiau mawr fy mywyd oedd hwnnw pan gefais fynd i'r ffair gyflogi yn Llangefni am y tro cyntaf.

Cychwynnais yn gynnar ar fore o Fai yn y flwyddyn 1909 i chwilio am le i mi fy hun. Brasgamwn fel ebol dwyflwydd drwy Rostrehwfa gan ymhyfrydu wrth feddwl am y dydd a ddeuai ar fyrder y cawn wisgo trowsus melfarêd, 'bell bottoms' a 'London Yorks' claspiau gloyw, a'r strapiau wedi eu cau at allan yn ddolen gyrliog wrth fy nau benglin. Edrychai aml un o hen drigolion y Rhos yn resynnol iawn ar fy mychander a'm heiddilwch i feddwl troi allan i'r byd, a Meri Preis y Glo yn ceisio fy mherswadio i chwilio am rywbeth gwell ac ysgafnach na gweini ffarmwrs. Ond nid oedd dim a safai yn fy ffordd benderfynol o ddyfod rhyw ddydd yn ddigon abl i ddilyn pâr o feirch porthiannus o dalar i dalar, a throi corsydd mawnog Morfa Deugae yn gwysi hirion parod i'r had.

Nid oedd dim amdani ond cerdded bob cam, wrth gwrs, ac nid oedd y tair milltir i'r dre yn ddim yn ein golwg ni yn Llangristiolus. Yr oeddwn wedi bod yno droeon cyn hynny, un ai fel gyrrwr gwartheg am gyflog o dair ceiniog neu chwech, neu yn cario un ochr i fasgedaid o gywion ieir i ryw gymdoges neu'i gilydd am ddwy geiniog, ac yn falch ohonynt i fynd â nhw i Nan Robaits y Siop at gael 'sgidiau.

Ond pan ddaeth y dydd hwn y bûm yn ysu mor hir am ei weld, teimlais radd o annibyniaeth a meddwl am fod yn barchus mwy. Buan iawn y buasai pobl yn anghofio i mi fod yn hogyn mor ddrwg ar ôl i mi ddechrau gweithio, a hwyrach yn fy nghydnabod innau cystal â'r rhelyw o rai yr un oed â mi ond i mi gael fy nghyfle, a cheisio'r cyfle oedd fy musnes y diwrnod hwnnw.

Gosodais fy hun 'ar y farchnad' megis, o flaen y Bull Hotel, ym mhlith ugeiniau o las lanciau'r sir, yn ôl yr arfer mewn ffair gyflogi. Profiad hyfryd oedd bod yn un oedd yn cyfri yn y traddodiad amaethyddol, a theimlwn fy mod yn un o'r rhai oedd yn dal y byd. Cerddai'r amaethwyr bach a mawr yn hamddenol drwy'r rhengau, gan fesur a phwyso maint a nerth yr ymgeiswyr yn ôl y galw. Os hwsmon fyddai dyn eisiau, yr oedd yn rhaid cael dyn medrus a gloyw gyda'i waith, oedd yn barod i godi'n fore a mynd yn hwyr i gysgu—un a allai drefnu gwaith a chymryd diddordeb dwfn ym mhethau ei feistr. Os ceffylwr, wel, dyn ifanc cryf, ysgwyddau llydain, cap ar ochr ei ben, a blewyn yn ei geg. Yr un cymwysterau, mwy neu lai, oedd yn angenrheidiol mewn porthwr a gwas bach, sef eu bod yn barod i wneud dipyn o bopeth—rhai pethau fuasai'n diraddio hwsmon a chertmon efallai, ond yr oedd yn rhaid eu cael hwythau i wneud y tîm a chael tymor llwyddiannus i'r meistr.

Yr oedd cyflogi prysur yn mynd ymlaen ers oriau cyn i neb sylwi fy mod i yno o gwbl, ac er i mi ymsythu a gwthio fy mrest allan gorau gallwn, mynd o'r tu arall heibio i mi yr oedd pawb rywfodd. Digon o fynd ar hwsmyn a chertmyn, ond fawr neb i'w weld eisiau gwas bach, a minnau mor awyddus.

Dechreuais ddigalonni gan ofn cael fy ngadael ar y clwt, ys dywed pobl Sir Fôn. Daeth gŵr o Langristiolus heibio, un a adwaenwn yn iawn, a'i blant wedi troi allan yn dda.

''Wyt ti wedi cyflogi?' meddai.

'Nag ydw,' meddwn innau.

'Hogyn rhy ddrwg wyt ti yntê, was, pwy cymith di?'

Ni bu gennyf ormod o gariad at y gŵr hwnnw weddill ei ddyddiau, er cywilydd i mi efallai.

Os drwg cynt, gwaeth wedyn oedd fy hanes yn y ffair—hwyr-ach mai gwir a ddywedodd y dyn wedi'r cwbl, ac efallai ei fod o, a rhai tebyg iddo, wedi rhybuddio'r amaethwyr rhag cael llosgi eu bysedd wrth gyflogi un mor ddiffaith â myfi.

Aeth yn hwyr brynhawn a'r mwyafrif o'r llanciau wedi cyflogi, y rhengau wedi teneuo, dim ond rhyw dri neu bedwar yn weddill ar y sgwâr yn disgwyl am rywun o rywle i gymryd trugaredd arnynt. Y stryd yn dechrau gwagio, gwragedd yr amaethwyr wedi llenwi'r fasged fenyn o nwyddau ac yn tynnu tua'r stablau yng nghefn y 'Bull', a Huw Jôs yr hoslar yn bachu'r ceffylau yn y cerbydau, a'r troliau moch yn prysuro adre. Ni bûm erioed yn teimlo mor unig am wn i—cymaint o fri wedi bod ar y cyflogi drwy'r prynhawn, a minnau'n wrthod-edig. Buasai'n well gennyf fynd at Davies y Kennals i garthu dan y cŵn hela na bod heb le i weini, oblegid peth amharchus oedd bod allan ohoni yn yr oes honno. Gwelwn Dafydd Ifans, Tyddyn Lleithig, yn dyfod—at bwy, tybed? Ie'n wir, ataf fi y daeth y tyddynnwr byrgoes, glandeg ac awdurdodol hwnnw, oedd wedi penderfynu cadw rhyw gatyn o hogyn i redeg dipyn yn ei le, am ei fod yn mynd ymlaen mewn dyddiau, medda fo. Gydag ef yr oedd Owen Ifans, Penros, hen gymydog a gymerai ryw ychydig o ofal tadol ohonof, chwarae teg iddo, a dyma'r ymddiddan o hynny ymlaen:

'Dyma fo Ifan, Dafydd Ifas, mae o'n awyddus iawn am le, a 'toes gen i ddim amheuaeth na wnaiff o hogyn iawn i'ch pwrpas chi.'

'Ond mi rydw'i wedi clywed mai hogyn drwg iawn ydi o.' Trodd ataf a gofyn: 'Wyt ti'n hogyn drwg?'

Oherwydd fy euogrwydd am rai drygau na allwn eu gwadu, ni allwn ddweud dim ond edrych i lawr a chrafu blaen fy nhroed gyda ymyl y palmant. Mentrais godi fy mhen pan glywn Owen Ifas yn dweud:

'Nag ydi'n tad, hen hogyn iawn, dipyn yn ddireidus ella, fel ma ryw grymffastia fel hyn heb ddim i'w wneud. Rhowch ddigon o waith iddo fo a mi sadith i chi.'

Cymerodd Dafydd Ifas ei wynt ato, a gofynnodd yn y man:

'Os cei di ddwad acw, wnei di addo newid dy fuchedd?'

'Gwnaf,' meddwn.

'Os deuda i rwbath yn siarp wrthat ti, wnei di beidio f'ateb i'n ôl?'

'Gwnaf,' a chyn i mi gael gorffen dweud, dyma Owen Ifas yn torri i mewn:

'Na wnaiff byth, hyd yn oed 'tasa chi yn rhoi cic iddo fo wnâi o ddim ond mynd fel ci â'i gynffon wrth i arau.'

'Hm,' meddai'r tyddynnwr, 'mae'n dda gen i glywed peth fel'na amdanat ti.'

Tarodd ei ffon dan ei gesail, ac estyn ei getyn o bren ceirios a'i lenwi â baco Amlwch, ac wrth daflu'r fatsen ar ôl tanio, gofyn-nodd yng nghanol cwmwl o fwg:

'Ar ôl i ti orffen dy waith, wnei di helpu'r hogan acw hefo'r ieir a'r cywion gyda'r nosau, a pheidio mynd i hulpio dy ben hefo rhyw hen hogiau gwirion hyd y lôn acw?'

'Gwnaf,' meddwn unwaith eto, rhag ofn i mi fod heb le.

Ymsythodd a gwthiodd ei fol fel petai'n berchen mil o erwau:

'Wel, mi ro'i ddwy bunt i ti y tymor cynta' yma, ac os byhafi di, mi goda i goron i ti, at ddechrau'r gaea', be' 'dach chi'n ddeud, Owen Ifas?'

'Wel ia, ond 'dach chi ddim braidd yn galed hefo'r cyflog, giaffar?'

'Calad? Be' haru chi, ddyn? Tydi o'n llawn digon iddo fo a chael llond 'i fol o fwyd ar ben hynny. Be' arall mae'r lefan isio? 'Wn i ddim be' ma llancia'r oes yma'n 'i feddwl ydyn nhw. O b'le maen nhw'n disgwyl i ffarmwr gael pres i dalu iddyn-nhw?'

Diwedd y gân fu cytuno ar ddwybunt, a chael chwe-cheiniog o ernes i glensio'r fargen a phob amod ynglŷn â hi. Felly, rhyw ddeunaw ceiniog yr wythnos oedd fy nghyflog pan ês i weini gyntaf, ac yn falch o'r swydd.

Gŵr o Baradwys   *Ifan Gruffydd*

46

Mynd am Dro

Heddiw rydan ni'n mynd am dro rownd Llyn Rhos Ddu. Mae'r llyn ynghanol y tywyn ond fydd neb yn mynd yno i nofio nac i bysgota. Mae pobol y pentra'n deud ei fod o'n ddiwaelod ond mae'n anodd iawn gen i gredu hyn achos mae 'na waelod i bopeth: ac mae Mr. Jôs yn sôn byth a hefyd am wely'r afon a gwely'r môr.

Fe ddigwyddodd trychineb fawr yn Llyn Rhos Ddu flynyddoedd maith yn ôl pan oedd mam yn hogan. Am y tro cynta o fewn cof mi rewodd y llyn yn gorn ac mi roedd bechgyn a merched yn tyrru yno o'r pentrefi i sglefrio, ac felly y bu hi am ryw wythnos nes i'r rhew ddechra dadmar. Torrodd y rhew ac mi foddodd pedwar o hogia ifanc.

'Fallai mai cramp gafon nhw,' medda Gwen.

'Fydda pedwar ddim yn cael cramp run pryd. Mae'r llyn yn ddiwaelod,' medda mam a'n siarsio ni i beidio mynd ar gyfyl y lle.

Ond bob blwyddyn wedi i'r tywydd gnesu mae mam yn mynd â ni am dro rownd y llyn. Weithia mae hi'n cnesu'n gynnar yn y flwyddyn cyn bod cwsberis ar y llwyni a chyn i'r gog ddechra canu. Y lle gora ar wyneb daear i glywed y gog yn canu ydi Llyn Rhos Ddu; petai'r gog yn gneud nyth mi fasach chi'n taeru'r du yn wyn mai yng nghyffinia Llyn Rhos Ddu mae hi'n nythu. Mi fydd mam bob amsar yn gofalu rhoi pres yn ein pocedi ni cyn cychwyn allan am y tywyn. Mae o'n beth lwcus clywed y gog os oes ganddoch chi bres; mae o'n golygu na fyddwch chi'n dlawd am y gweddill o'r flwyddyn. Ond y tebyg ydi y bydda i wedi gwario fy ngheinioga yn siop Miss Smith am betha da cyn cychwyn, neu eu colli nhw wrth neidio dros dwmpatha tywod a phylla dŵr. Weithia mi fydda i'n prynu *chewing gum* er mwyn cael chwythu swigod neu ddirwyn llinynna rhwng fy nannedd. Mae rhai plant yn sticio'u *chewing gum* dan ddesgia a chadeiria rhag i'r athro'u dal nhw'n cnoi. Fydda i byth yn gneud hynny—does wbod pwy sy wedi sticio'i *chewing gum* yno o'ch blaen chi. Mae dad yn deud na fydda neb byth yn byta *chewing gum* petaen nhw'n gwbod o be mae o wedi cael ei neud.

Wn i ddim sut mae dad yn gwbod chwaith achos fuo fo rioed mewn ffatri *chewing gum,* a fydd o byth yn ateb pan fydda i'n gofyn, 'Wel . . . o be mae o wedi'i neud?'

Heddiw mae'r gog yn canu ac fel arfer does gen i'r un ffadan beni arna i. Dw i'n teimlo'n ddigon digalon, ac yn fy ffwdan yn baglu dros rywbeth ar fy nglinia i bwll o ddŵr.

Mae Gwen yn chwerthin fel petai hi wedi cael digon o fodd i fyw: mae hi ar ben ei digon pan wêl hi rywun yn syrthio. Dw i ar fin deud wrthi hi am gau ei cheg pan mae mam yn deud: 'Mae'r gog yn ddiweddar leni'.

Os sylwch chi mae'r gog bob amser yn gynnar neu'n ddiweddar. Rydw i'n falch ofnatsan mod i wedi ei chlywed hi er nad oedd gen i'r un ddimai goch arna i. Mae nhw'n deud y byddwch chi farw os na chlywch chi'r gog o gwbwl, er fod dad yn deud mai coel gwrach ydi hynny.

Tyfu   *Jane Edwards*

Canu wnaf a bod yn llawen,
Fel y gog ar frig y gangen;
A pheth bynnag ddaw i'm blino,
Canu wnaf a gadael iddo.

Gwyn fy myd na fedrwn hedeg
Bryn a phant a goriwaered;
Mynnwn wybod er eu gwaethaf
P'le mae'r gog yn cysgu'r gaeaf.

Yn y coed y mae hi'n cysgu,
Yn yr eithin mae hi'n nythu;
Yn y llwyn tan ddail y bedw,
Dyna'r fan y bydd hi farw.

Hen Benillion

Ar y Ffordd i'r Ffair

Mae'r ffordd yn hir i Ffair y Llan
    A'm poced innau'n llawn,
Ond pe bai'n hirach fyth mi wn
    Mai tuag yno'r awn.

'Rwy'n clywed seiniau'r hwyl o bell—
    Sŵn organ orau'r byd!
Sgrechiadau a thonc taro cloch
    A thorri llestri drud!

Mi glywaf 'oglau da'n y gwynt—
    Rhaid mynd i'r Llan mewn pryd!
Mae'r sglodion tatw'n berwi'n braf
    Mewn celwrn ar y stryd.

Mae 'mhen a'm dwylo'n fôr o chwys
    A dawns dan wadnau 'nhraed;
Mi fyddaf toc ar geffyl chwim
    A'r ffair yn corddi 'ngwaed!

Y Syrcas a Cherddi Eraill   *Gwilym R. Jones*

Neges Heddwch

(Y neges gyntaf i ymddangos yn Cymru'r Plant)

Cenadwri plant Cymru at blant yr holl fyd trwy gyfrwng
y pellebr diwifr.

Ar y Sulgwyn bob blwyddyn bydd plant Cymru yn danfon
neges drwy y pellebr diwifr at holl blant y byd. Mae rhai plant
nas gallant garu eu gwlad eu hunain heb gasáu gwledydd
eraill. Ond gallwn ni yng Nghymru garu Cymru, a thrwy garu
Cymru, garu'r byd. Nid oes arnom ni byth eisiau rhyfel eto. A
dyna pam yr ydym ni blant Cymru, ac nid oes neb yn fwy
eiddgar tros y neges nac aelodau'r Urdd, yn danfon allan y
neges hwn i holl blant y byd ar y Sulgwyn, 1925,—

Yr ydym ni, fechgyn a merched tywysogaeth Cymru a
Mynwy, yn cyfarch yn siriol fechgyn a merched pob gwlad
arall dan haul. A wnewch chwi, filiynau ohonoch, ymuno
â ni yn ein gweddi ar i Dduw fendithio ymdrechion dynion
da o bob gwlad a chenedl sydd yn gwneud eu gorau i roi
terfyn ar yr hen gwerylon heb ymladd? Yna ni bydd raid i
neb ohonom, pan awn yn hŷn, ddangos ein cariad tuag at
wlad ein genedigaeth trwy gasáu a lladd y naill y llall. Hir
oes i gyfamod Cynghrair y Cenhedloedd, cyfaill pob mam,
amddiffynydd pob cartref, ac angel gwarcheidiol ieuenctid
y byd.

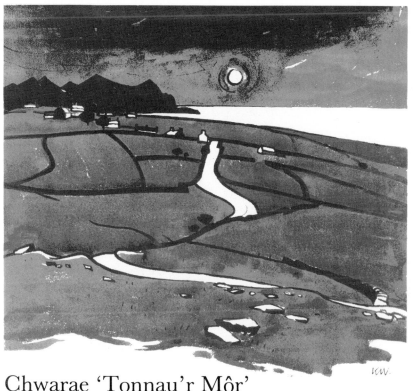

Chwarae 'Tonnau'r Môr'

Ni chaem gyfle i chwarae 'tonnau'r môr' yn aml, gan fod yn rhaid cael styllen go fawr a chref i'w chwarae. Ar yr unig achlysur imi gofio adeiladu tŷ newydd yn agos inni, fe gawsom ddigon o chwarae tonnau'r môr. Aem yno wedi i'r gweithwyr fyned adref, a rhoi'r ystyllen ar draws casgen, neu ar draws pentwr o bridd a godasid wrth wneud y sylfaen. Y peth oedd, yr oedd yn rhaid i'r pentwr pridd neu'r gasgen fod yn uchel, neu byddai ein pas ni i'r awyr yn isel. Hefyd yr oedd yn rhaid bod yn ofalus bod cadw canol y styllen ar y gasgen, neu fe deflid un i'r llawr. Yr oedd eisiau cryn fedr i chwarae tonnau'r môr a chael yr ias o bleser wrth fyned i fyny ac i lawr. Ond nid oedd dim harddach na gweld y styllen yn mynd i fyny ac i lawr a phlentyn ar bob pen iddi, a'i symudiadau mor rheolaidd â rhwyfau ar afon.

Y Lôn Wen   *Kate Roberts*

51

MEHEFIN

Mehefin

Un o ddyddiau cynhesaf yr haf oedd hwnnw. Mehefin wedi cyrraedd, a'r caeau'n dryfrith gan lygaid dydd a blodau ymenyn, a phoeri'r gog yn dechrau ymddangos yn y cloddiau. Safai'r haul yn llygad noethlwm uwch y dyffryn, a phob gwrych ac adeilad a choeden yn dirwyn eu cysgodion atynt am ei bod yn tynnu at ganol dydd. Draw, yn y tarth glas, ysgafn, safai bryn-iau Maldwyn yn ffurfiau disylwedd, fel pethau heb fod yn perthyn i'r olygfa ond wedi hongian yno dros awr siesta cyn symud yn eu blaenau gyda symudolion eraill y cread.

Yn Ôl i Leifior   *Islwyn Ffowc Elis*

Tyfu Tomatos

Wel i chi, cyn i 'mam orffan yn yr ardd mi ddoth 'nhad adra o bwyllgor y Recabiaid a dyma fo i'r ardd dow-dow. 'Hylo, Elin,' medda fo'n hamddenol, 'be 'dach chi'n 'i neud, deudwch?'

'Gneud lle i blannu tomatos, Tomos.'

'I b-b-blannu be?'

'Tomatos wrth gwrs.'

'Tom-atos. Tom . . .'

'Ia, TOMATOS, Tomos; crwn, coch, blasus, i'w byta hefo pupur a halan, ac i'w rhoi rhwng brechdan i fynd i'r chwaral. Peidiwch â sbio mor hurt arna-i, a chrynu'ch pen yn wirion,' medda 'mam wrth godi i edrach ar 'nhad.

'Wel, y-y-petha tŷ gwydr ydi rheini, Elin bach, eisio lle cynnas fel y *grapes,* yntê.'

'*Grapes,* wir, chi a'ch *grapes.* Os ydi hwn,' meddai hi, ac yn taflu'i phen i gyfeiriad y tŷ nesa, 'yn medru tyfu tomatos heb dŷ gwydr mi fedra inna, be' siŵr iawn ydio, a dydw i ddim am fod ar ôl i bawb yn y lle 'ma, a thalu crocbris i Margiad Lewis am ddyrnaid o ryw sbarblis meddal. 'Rydwi am dyfu rhai fy hunan, Tomos, ... hôm grôn o'r ardd yma, dalltwch.'

'Ond Elin bach 'thyfwch chi ddim tomatos heb gael plants o rwla . . .'

Wel, dyma 'mam yn rhoi pwff o chwerthin. 'Ylwch chi, Tomos, 'rydw i am dyfu tomatos, ac mi 'rydach chitha am gael y plants imi, a rheini'n rhai sbesial, cofiwch chi. Mae o (hefo hergwd eto i'w phen i gyfeiriad y tŷ nesa') wedi cystal â deud na thyfa i 'run allan. Wel, mi gawn ni weld.' A dyma hi'n hel y gêr at 'i gilydd ac yn deud wrtha inna am fynd i'r tŷ i edrach y tân. Mi ês inna, a 'nhad ar fy ôl.

'Bedi matar ar dy fam, dwad,' medda fo wrth inni fynd i'r tŷ, ac o glyw 'mam. 'Mae hitha wedi cael clwy tomatos, mi ddyliwn. Be nesa' tybad, tyfu mashirŵms yn y sbensh, mae'n debyg,' a dyma fo'n ista i lawr i dynnu'i 'sgidia.

'Ond chwarae teg, 'nhad,' medda finna, 'ma' pawb yn 'u tyfu nhw rŵan, mewn potia fflywars yn y tŷ, ac allan, ac mi fyddan yn reit dda ar y'ch brechdan chi yn y chwaral. Meddyliwch am bawb hefo brechdan domato cartra ond y chi, 'nhad ...'

'Taw â dy lol, hogyn,' meddai fo'n flin, ac yn cipio rhyw lyfr oedd ar ymyl y dresal.

'Ddeudodd o yr un gair wedyn ond a'i drwyn yn hwnnw nes doth 'mam i'r tŷ. 'Roedd y tân yn iawn wrth lwc.

'Plants, Tomos,' medda 'mam yn hwyliog, 'dyna be raid inni gael ar unwaith. Rŵan, rhaid ichi chwilio a holi pawb, a chael rhai, cofiwch.'

'Ond y—, ond ...'

'Ond be?' medda 'mam, yn sefyll yn sydyn a throi ato.

'Olreit,' medda 'nhad ac yn ail osod 'i hunan yn y gadair.

Wedi inni i gyd gael tamaid o swper mi drois i tua'r gwely'n ddistaw. Ar dop y grisiau mi sefis am dipyn i wrando. Yr unig beth a glywis i oedd, rhwbath am Robin Tŷ'n Llan, nyrsri Ffowcs Cil Mynach, tŷ gwydr Bob y Ffatri a rhywun arall; wedyn, rhwbath am 'rai da, sbesial' ... 'llygad yr haul' ... 'gwal gynnas' ... 'tail defaid', a phetha felly. 'Mam oedd yn siarad a 'nhad yn gorfod gwrando, er 'i fod o'n treio darllan, dwi'n siŵr, fel y bydd o pan fydd 'mam wedi cael chwilan newydd hefo'r ardd.

Wel, 'chlywis i ddim rhyw lawar o sôn wedyn am yr ardd na thomatos nes doth 'nhad adra o'r chwaral un pnawn poeth a chlòs hefo bagia papur yn llawn o ryw ddail hir, llipa, braidd. 'Dyma nhw ichi Elin,' medda fo, 'yn syth o Dŷ'n Llan, *fresh*, medda Robin,' ac yn rhoi pedwar bag papur i 'mam.

'Hm! ma'n nhw'n edrach yn eitha plants,' medda hitha yn ddigon claear wrth agor un o'r bagia papur. 'Tipyn yn llegach ydyn nhw, 'ntê, ond dyna fo, mi rhown ni nhw yn y pridd heno, wedi'r haul fynd i lawr.'

'Wel ia, mae hi'n hwyr glas 'u rhoi nhw, fel y deudodd Robin, a digon o ddŵr, medda fo. Chwe dwsin sy 'na dwi'n meddwl ...'

'Chwe dwsin, Tomos! Chwe ... Brenin! ... ond lle ca'i le iddyn nhw? Mi fasa dwsin yn hen ddigon, ddyn annwyl, y tro cyntaf fel hyn.'

'Ia 'nte,' medda 'nhad, ac yn rhyw sbio'n rhyfadd, 'ond mi ddôn', Elin, rhai ohonyn nhw, a-a-a- tasa y rhan fwya'n methu, deudwch, wel, wrth gwrs, wel, mi ddaw y lleill, ac mi fydd hynny'n rhywfaint hefo chwe dwsin,' medda fo wedyn yn gymysglyd.

'O dôn' yn siŵr, ond mae'n rhaid plannu chwe dwsin yn rhwla, ond yn lle, Tomos bach, a dwi'n siŵr na roth Robin Tŷ'n Llan monyn nhw am ddim . . . dwy neu dair ceiniog yr un mae'n bur debyg.'

'Wel naci, Elin . . . ecstra sbesial w'chi, ym—y—wyth geiniog ydi pris Robin . . .'

'Y dwsin, Tomos?'

'Ia—y-yr un, Elin, ond y . . .'

'Brenin annwl, ddyn, faint?' medda 'mam yn hurt, ac yn disgyn yn swp i'r gadar oedd wrth 'i hymyl.

'Hannar munud, Elin bach, pwyll wir, pwyll, ma—mi-mi dyfith rhain allan yn rhwla medda Robin . . .'

'Faswn i'n meddwl, wir, mi ddylan' dyfu a chochi allan yn Greenland am y pris yna. Be ddoth dros ych pen chi, deudwch? Chwe dwsin! Dwy bunt ac wyth swllt am blants tomatos! Y nefoedd annwl!'

'O wel, dyna chi 'nta,' medda 'nhad, 'chi oedd eisio nhw, a saith geiniog yr un a gododd Robin arna'i wrth brynu chwe dwsin.'

'Ddeudodd 'mam ddim byd ond sbio'n fwy hurt ar 'nhad, a fonta'n sbio'n wirion ar y plants oedd ar 'i glin hi. Mi ês inna allan i'r drws yn slei bach, ac mi glywis 'nhad yn deud rhwbath am fynd â nhw'n ôl i Dŷ'n Llan, a 'mam yn deud wrtho am beidio â rwdlan, bod y peth wedi 'i 'neud rŵan a dyna fo.

'I ble 'dach chi'n mynd, Tomos?' medda hi'n sydyn wrth weld 'nhad yn hwylio i wisgo amdano ar ôl cael bwyd.

'Pwyllgor Band.'

'Pwyllgor Band, a gwerth dwy bunt ac wyth swllt o domatos eisio'i rhoi i lawr yn y pridd 'na heno!'

'Ylwch chi, Elin, chi oedd eisio'u tyfu nhw ac nid . . .'

'Ylwch chitha, Tomos, mi wn inna pwy sy'n sgut amdanyn nhw, ac yn brysio i ddeud mor flasus ydi brechdan domato yn y gwaith 'na. Ond ewch i'ch Pwyllgor Band, a rhoswch yno da chi; mi ofala' i, druan bach, y bydd y chwe dwsin yn y ddaear cyn yr a' i i 'ngwely heno. Hy! 'chaiff Robin Tŷ'n Llan, mo

'nhipyn ceiniog i am ddim. O'r tad! A mi ddangosa' i i'r peth tŷ
nesa 'ma hefyd, ac i Meri Harri Jôs a Jenat Nymbar 5 . . . nhw
a'u tomatos potia fflywars . . . y medra inna, Elin Huws, dyfu
tomatos, Tomos, a'u gwerthu nhw hefyd. Ia 'u gwerthu nhw,
dalltwch! Dyna'n union sut yr ydw i'n teimlo. Wedyn, Tomos,
ewch i'ch Pwyllgor Band, a rhoswch yno nes bydda'i wedi
gorffan, a fydd hynny ddim yn gynnar, gellwch fentro.' Ac mi
aeth 'nhad allan yn ddigon llipa, ac mi ês inna i'r ardd.

58

Ymhen ychydig dyma 'mam 'i hunan yno. 'Mi plannwn ni nhw, Wil,' meddai hi, ''taswn ni'n gorfod goleuo lantar gannwyll i orffan,' a dyma ddechra' o ddifri ar y job. A dyna lle buo' ni'n dau am oria'; 'mam wrthi'n ofalus yn gosod y naill blensyn ar ôl y llall yn y pridd a finna'n 'u sortio nhw allan a chario dŵr iddi.

Wel, o'r diwadd mi orffennwyd y gwaith fel 'roedd hi'n dechra' twllu. 'Roedd 'mam wedi blino'n ofnadwy ar ôl bod yn ei chwman mor hir. Wrth fynd am y tŷ, mi edrychis i'n ôl ar y clwt, a wir, 'roedd y tomatos yn edrach yn *champion* yn erbyn gwal yr ardd, hefo pric wrth ochor bob un plensyn . . . *stakes*, chwadal 'mam. 'Roeddan nhw fel sowldiwrs, hefo gynna' yn drilio o flaen rhyw gastall. Chwe dwsin ohonyn nhw, ac yn llenwi'r clwt i gyd.

'Mae dy dad yn hir iawn,' medda 'mam, wedi iddi gyrraedd i'r tŷ, ac mi aeth ati'n syth wedi 'molchi i hwylio swpar. Fel 'roedd hi'n torri brechdan, dyma gnoc ar ddrws y cefn. 'Rhêd yna, Wil,' meddai. Mi ês inna.

'Hwn ydi tŷ Tomos Huws?' medda llais main rhyw hogan bach yn y drws.

'Ia.'

''Newch chi roi hwn iddo fo, plis,' medda hi, ac yna rhoi parsal papur llwyd mawr i mi. 'Plants tomatos ydyn nhw odd- wrth Wiliam Pari, Pen Cob . . . Tomos Huws wedi gordro nhw ers wsnos yn ôl. Pedwar dwsin sy 'na,—fedra fo ddim rhoi chwanag. Nos dawch!'

Fel 'roedd hi'n mynd o'r drws 'roedd 'nhad yn dwad i mewn dan hymian un o diwnia'r band.

Straeon Wil   *J. O. Williams*

59

Pont y Seiri

Chwarae a thipyn o farddoniaeth yn perthyn iddo oedd Pont y Seiri. Ffurfiai dau blentyn bont drwy gydio dwylo a sefyll gyferbyn â'i gilydd. Byddai'r holl blant eraill yn sefyll y tu allan i'r bont, ac un arbennig ar y blaen. Byddai un o'r ddau ar ben y bont yn gofyn:

'Pwy ddaw, pwy ddaw trwy bont y seiri?'

Yna byddai blaenor y dorf tu allan yn gweiddi:

'Myfi, myfi, a'm holl gwmpeini.'

Yna deuai'r cyntaf o'r dorf ymlaen a thu mewn i'r canllawiau, a gofynnid yn ddistaw iddo, 'Pa un fasa orau gin ti, llond cwpwrdd gwydr o aur, ynte llond trôr o berlau?' Dylswn ddweud y byddai dau ben y bont wedi dewis un o'r pethau yna ymlaen llaw, ac ni wyddai'r un a holid dros beth y safai p'run. Wedi i'r plentyn ddewis âi a sefyll y tu ôl i'r un a safai dros y peth hwnnw, a rhoi ei freichiau am ei wasg. Wedyn eid drwy'r un cwestiwn ac ateb, hyd nes dihysbyddid y dorf i gyd. Erbyn y diwedd byddai'r ddwy garfan yn weddol gyfartal, os byddai'r pethau a oedd i'w dewis yn weddol gyfartal; ac yna ceid tynnu nes byddai un garfan wedi trechu'r llall.

Y Lôn Wen   *Kate Roberts*

Amser Chwarae

Bob rhyw bythefnos byddai'r ffasiwn chwarae yn newid yn yr iard. Weithiau pêl neu dop a chwip fyddai mewn bri, dro arall gêm o farblis, naid llyffant, sgotsh neu sgipio.

Y ffasiwn y diwrnod hwn oedd chwarae: 'Jac, Jac, gawn ni groesi'r afon?'

Safai Jac ar ganol yr iard. Rhedai rhes hir o blant i fyny ato law yn llaw gan weiddi'r cwestiwn.

Atebai yntau: 'Cewch, os oes gennych chi goch arnoch chi.' Neu las, neu felyn, neu ryw liw arbennig. Caech groesi'n ddiogel i ben arall yr iard os digwyddech fod yn gwisgo'r lliw hwnnw, neu os gallech sicrhau blewyn o'r lliw oddi ar wisg rhywun arall. Os nad oedd y lliw gennych roedd yn rhaid i chi anelu i groesi heb i Jac eich dal. A gwae chi pe gwnâi! Eich tro chi fyddai bod yn Jac wedyn.

Y dydd hwn atebodd Jac: 'Cewch groesi os oes gennych chi . . . binc!'

A doedd dim pinc gan yr un enaid ond y fi! Roeddwn i'n binc i gyd, bob modfedd ohonof, mewn ffrog o wlân angora o'r union liw. Roedd Mam newydd orffen ei gwau i mi y noson cynt. Gwlân meddal, gwawnog, fel plu cyw bach ydi gwlân angora, yn gwmwl am eich corff.

Yn sydyn dyma haid o blant yn rhuthro i ymosod arnaf ac yn dechrau pigo peli bach o wawn pinc oddi ar fy ffrog er mwyn cael croesi'r afon. Roedden nhw'n disgyn am fy mhen fel cigfrain, a'u bryd ar flingo eu prae cyn hedfan yn ôl draw i'r wal bellaf.

Sefais yn stond yn fy unfan, bron iawn â chrio yn y wisg a fu mor newydd sbon ac mor hardd ben bore. Fe es adref amser cinio mor flêr â dafad Cwm Rhondda a'i chnu yn gynhinion i gyd. Dychrynwn rhag wynebu Mam!

A gefais stŵr? Do, bid siŵr! Ond roedd hi'n bregeth annisgwyl: 'Sefyll fel yna a gadael i bawb dy bluo,' dwrdiai Mam, 'fel bwgan brain heb iot o synnwyr cyffredin yn dy ben!'

Nid cyflwr y ffrog binc, druan a flinai fy mam, ond fy nhwpdra i yn caniatáu i'r helynt ddigwydd yn y lle cyntaf! Creaduriaid anodd eu deall ydi rhieni.

'Digwyddiadau Dyddiau Ysgol', Cynllun y Porth   *Mairwen Gwynn*

Chwarae Bando

Yn amser ein hewythr Siencyn yr oedd campau a chwarae-yddiaethau Cymru mewn bri cyffredinol gan fawr a mân. Nid oedd braidd sŵn dim ar dymhorau ond chwarae pêl, ymladd-feydd ceiliogod a chŵn, y bêl droed, a'r bando. Yr oedd plwyf Margam, lle trigiannol Siencyn, yn ddosbarth nid anenwog yn y celfyddydau hyn, yn enwedig y bando. Yn ein cof ni, yr oedd y plwyf hwn yn glodfawr dros ben, a moliennid y llanciau gan filoedd trwy'r gwledydd am ystwythder a chyflymder eu symudiadau, ynghyda'u destlusrwydd a'u deheuder yn gyrru'r bêl. Yn wir, fe fu Siencyn ei hun yn nyddiau ei ieuenctid yn un o gystadleuwyr gorau yr oes. Gwelwyd ef lawer gwaith ar draeth Cynffig yn herio'r wlad ar fando neu ddwrn.

Beth bynnag, digwyddodd i blwyfi y Pîl a Margam wneud *match* i chwarae ar draeth Cynffig, am ryw gymaint o arian y gŵr, a mawr y sŵn oedd, fel arferol, am yr amser apwyntiedig. Dyna oedd gan bob dau, yn fenyw ac yn wryw; ac ni welid nemor i blentyn, o flwydd oed ac uchod, heb fando yn ei law. Yr oedd yr ysbryd hwn mor gerddedol a chyffredinol fel pe buasai wedi ei dywallt ar bob cnawd, a'r *wagers* yn myned yn y blaen fel y gwynt. Edrychwyd, bid sicr, am y bechgyn mwyaf gwisgi a champus yn yr holl ardaloedd, y rhai oedd yn gwybod am bwys a gwres y dydd o'r blaen, ac wedi eu disgyblu i'r man eithaf. Yr oedd bachgen yn ardal Tai-bach, at yr hwn yr oedd llygaid agos pawb yn troi, fel prif gampwr yr oes. Nid ydoedd yn ddyn mawr o ran corffolaeth, yn hytrach yr ochr arall, ond ystwyth ei symudiadau, a bron yn anffaeledig ei ergydion. Ymorchestodd yn nechreuad ei oes i'w wneud ei hun yn enwog fel rhedegwr, ynghyda chywreinrwydd yn nhriniaeth y bando. Mae llyn yn gyfagos, yr hwn a elwir Pwll Cynffig, yn mesur oddeutu tair milltir o gwmpas; y peth cyntaf bob bore wedi codi o'r gwely a wnâi y gwron hwn oedd rhedeg tair milltir o gylch y llyn, er mwyn disgyblu ei draed, ei ewynnau, a'i anadl. Cyrhaeddodd yr amcan yn bur dda hefyd, meddant, canys rhedai fel hydd yn agos, nes oedd braidd ond ei lun yn ganfyddadwy wrth fyned heibio. Yr oedd deheurwydd ei ergydion hefyd mor rhyfeddol fel nad oedd yn methu taro'r bêl i bellter anghredadwy, gan ei hofran drwy'r awyr las dan chwiban fel pelen magnel.

Hanes Bywyd Siencyn Penhydd   *Edward Matthews*

Gwylmabsant

Ymgasglent ar y Sulie
   I lan neu bentre,
I chware tenis
   A bowlio ceilys;
Actio anterliwtiau
   Morus dawns a chardiau,
Canu a dawnsio,
   Chware pêl a phitsio,
Taflu maen a throsol
   Gyda gorchest ryfeddol;
Dogio cath glap,
   Dal llygoden yn y trap,
Cogio ysgyfarnog,
   Ymladd ceiliogod;
Chware dinglen donglen,
   Gwneud ras rhwng dwy falwen;
Jympio am yr ucha,
   Neidio am y pella,
Rhedeg am y cynta,
   Siocio am y pella,
Saethu am y gosa,
   Bocsio am y trecha.

Drych y Cribddeiliwr   *Eos Iâl*

63

GORFFENNAF

Bowliwr Medrus

Ond os cysgod o'r gorffennol oedd Dai Porthor, roedd Bob Parry yn real ddigon. Dyma i chwi fowliwr!

Roedd tîm Dolgellau yn dipyn o aristocratiaid y dyddiau hynny; hwy oedd yr unig glwb drwy'r Sir a allai ymffrostio mewn pafiliwn. Hwy hefyd oedd y clwb hynaf yn y Sir, onid drwy Gymru gyfan, ac o gofio cyflwr sigledig y pafiliwn ar y Marian, hawdd credu iddo lochesu cricedwyr o'r ganrif o'r blaen. Adfail ydoedd, ond dyna fo, y mae brechdan sych yn well na dim bara o gwbl.

Roedd y llain ar y Marian yn Nolgellau yn cael gofal proffesiynol. Torrwyd y gwair yn gyson, rhowliwyd y wiced yn rheolaidd ac yr oedd ôl paratoad yn amlwg arno. Yr oedd yn bleser cael chwarae ar y Marian o gofio cyflwr ambell faes arall ledled y Sir. Medr ac nid ffawd fyddai'n penderfynu tynged pob chwaraewr yma.

Yn ychwanegol at hyn roedd ganddynt nifer o gricedwyr da. Ni ddaeth i ran clwb Dolgellau, y pryd hynny, i ddibynnu ar berchnogion ceir i droi allan ar y Sadwrn. O na, roedd Dolgellau yn dîm go iawn, yn chwarae ar faes go iawn a dim ond chwaraewyr go iawn a gâi le yn y tîm, a'r brenin arnynt oll, yn ddiamau, oedd Bob Parry.

Gwyddai Bob lawer mwy am y gêm na'r un capten ac fe fyddai'n rheoli hynt a helynt y tîm ar y cae. 'Doedd wiw i'r capten na neb arall anghytuno ag ef. Bob fyddai'n dweud pryd y dylai'r bowlwyr cyflym wneud lle i'r bois araf ac fe fyddai'n gosod y maeswyr yn y mannau priodol o amgylch y cae. Ie, onid ef oedd y capten swyddogol, ef yn ddiamau oedd y Brenin yn Nolgellau, a hynny am y rheswm syml ei fod ben ac ysgwydd uwchlaw'r gweddill ohonynt fel chwaraewr ac yr oedd pob un yn barod i gydnabod hynny hefyd.

Siaradai bymtheg yn y dwsin tra chwaraeai a chynllwyniai'n ddiddiwedd i godi gwrychyn y batwyr drwy wneud rhyw sylw haerllug amdanynt cyn camu at y wiced i fwrw'r bêl tuag at y target. Rhyw gam neu ddau, dyna'r cyfan, cyn gollwng y bêl. Nid ei thaflu'n uchel ddireol fel ambell fowliwr araf a ddylai wybod yn well, ond pêl fflat fywiog. Welais i neb erioed yn gallu cael cymaint o dro ar bêl na Bob Parry; roedd fel garlleg yn gwibio drwy'r awyr ac unwaith y trawai'r llain, byddai'n brecio'n ôl fel sarff. Hyd perffaith, bysedd cryfion, tro cyfrwys, ac arabedd diddiwedd oedd arfau'r crefftwr hwn a brofodd ei hun yn fistar corn ar fatwyr gorau'r Sir.

Syndod imi ydoedd sylweddoli fod gan fatiwr sâl lawer gwell siawns i wneud marc yn erbyn Bob Parry na'r batwyr da. Gallai Bob feistroli'r batwyr da yn ddieithriad ond nid felly gyda'r *'long handle slashers'*.

Pan ddeuthum yn gapten ar dîm Tywyn, a phan ddeuthum i adnabod Bob yn dda, roedd yn bolisi gennyf orchymyn i un neu ddau o *slashers* Tywyn gamu allan yn syth wrth ei wynebu, ac os digwydd iddynt gael tamaid o lwc a tharo'r bêl tua'r ffin unwaith neu ddwy, yna, fe fyddai Bob yn colli ei dymer, a thrwy hynny golli ei arf mwyaf effeithiol, sef ei fedr anhygoel o fowlio pêl o hyd perffaith. Dyna'r unig ffordd i feistroli'r gwalch.

Rhwng Dwy   R. Emyr Jones

Bwa a Saeth

Mae sôn bod yna ddau ambarél wedi eu lluchio i'r twll yn y Mynydd ac os bydd hynny yn wir bydd yn ddarganfyddiad o bwys, gan fod modd gwneud defnydd o bob tamaid o ambarél o'r pig ar ei fagal i'r ffurel ar flaen ei goes. Mi gymer ddiwrnod o leiaf i'w tynnu oddi wrth ei gilydd yn ofalus a datod eu hasennau gymal wrth gymal ond fe fydd yna gyfoeth o ddeunydd ar gael ar ôl gorffen. Lapiwch y cyfan yn ofalus—fydd dim gwahaniaeth bod yna ambell rwyg ynddo a'i fod o wedi cochi. Mae o'n sidan da ac fe etyb ei ddiben yn ardderchog yn nes ymlaen . . .

Erbyn hyn mae'r weiars yn fwndeli taclus wedi eu rhwymo yn barod i'w cadw, ar wahân i'r chwech sy'n mynd i gael eu blaenllymu efo morthwyl ar garreg i wneud saethau. Fydd eisio dim wedyn ond darn union o frigyn siacen i wneud bwa a phlu o'r cwt ieir i'w clymu am fôn y saethau. Gobeithio nad ân nhw ddim drosodd i gaeau'r cymydog yr un fath â'r llynedd, a hynny y noson cyn ei fod o'n torri gwair.

Blwyddyn Bentre   *Gruffydd Parry*

Wel dyma ystod gywran
O waith 'r hen Ianto Bifan,
Ac yn ei fla'n mae gwaith lled neis
Gan Thomas Preis a Morgan.

Mae'r ddau yn weirwyr purion,
Yn lladd yn eithaf cyson,
Heb wrychyn ar eu hôl i'w gael
Na sail i ddim achwynion.

Tribannau Morgannwg

Cario Gwair

Mae hi'n fore poeth ym mis Gorffennaf, diwrnod cario gwair. Bydd 'nhad a ffrindiau o'r chwarel yn dyfod adre' tua hanner dydd, ac mae tipyn o gymdogion wedi dwad yn barod ac wedi dechrau troi'r gwair. Yr wyf yn clywed sŵn y cribiniau yn mynd yr un amser â'i gilydd i gyd a'r gwair yn gwneud sŵn fel papur sidan. Cyn mynd allan i'r cae yr wyf yn mynd i'r tŷ llaeth unwaith eto i gael sbec ar y danteithion. Mae rhesiad hir o ddysglau cochion ar y bwrdd yn llawn o bwdin reis a digonedd o wyau ynddo, ac wyneb y pwdin yn felyn ac yn llyfn fel brest y caneri sydd yn ei gaets wrth ben y bwrdd. Mae ei oglau a'i olwg

69

yn tynnu dŵr o'm dannedd. Yr wyf yn meddwl tybed a fydd digon i bawb. Nid ydym i fod i ofyn am ragor o flaen pobl ddiarth. Wedi mynd i'r cae yr wyf yn treio troi efo chribin, ond mae'r gribin yn rhy fawr, ac mae fy nhroad yn flêr. Mae breichiau'r merched i gyd yr un fath ac yn symud efo'i gilydd, ac y maent yn mynd i lawr ac i lawr i waelod y cae cyn troi a dyfod i fyny ac i fyny wedyn, yr un fath a'r un amser â'r un sŵn dyd-dyd o hyd. Yr wyf yn eistedd ar ben y wal yn ymyl y coed llus ac yn edrych arnynt . . .

Yr ydym wedi cael cinio ac y mae'r cario yn dechrau o ddifri, a phawb wrthi yn gwneud y gwair a drowyd y bore yn rhenciau. Daw trol Tŷ Hen yma, ac mae'r dynion a rhai o'r merched yn codi'r gwair efo phicwych i'r drol. Mae fy mrodyr yn cael cario beichiau ar eu pennau a barclod gwyn am ben pob un: maent fel y proffwydi yn y Beibl lluniau. Mae'r plant lleiaf yn cael mynd ar ben y drol. Mae'r das yn mynd yn uwch ac yn uwch, ac yr wyf fi a'r plant eraill yn cael mynd ar ei phen i ddawnsio arni er mwyn iddi fynd i lawr a chael lle i ragor o wair. Yr ydym bron yn ymyl y to, ac mae'r byd i lawr odanom. Er ein bod yn dawnsio ar y gwair, a'r dynion yn siarad, mae hi'n ddistaw iawn ar ben y das. Mae hi fel nos Sul y Cymun yn y capel. Edrychwn draw ar y drol yn dwad, a chynhinion o wair yn hongian ar ei hochrau, yr un fath â'm gwallt i pan fydd o'n flêr. Yr ydym reit wrth y to a bron â mygu, ond dyma'r llwyth olaf. Awn i lawr yr ysgol a theimlo gollyngdod. Mae'r dynion a'r merched yn dwad trwy'r adwy tuag at y tŷ i gael te ac y maent yn cael hwyl fawr.

Y Lôn Wen *Kate Roberts*

Ffarwél iti, bladur fach,
   Y corn a'r rhipyn gritio.
Bydd llawer cawod drom ar led
   Cyn ceir dy weled eto.

Hen Bennill

Dyddiau Prysur

Adeg cynhaea gwair byddem wrthi'n helpu ar y cae hyd y gallem, yn treio casglu tipyn o'r crafion â rhaca bach, a chario llond côl o wair i'w roi ar ben y mydylau crynion. Mynd tua'r sgubor i ben y wisgon wair ar y dowlod, gwasgu hwnnw lawr yn dyn â'n traed, ei wthio dan y wimben a'r lle fel uffern o boeth. Gwych at golli pwysau! Gyda'r cynhaea llafur cario ysgubau i'r dynion wneud stacan a sopyn ar y cae a'r ysgall yn pigo'n dwylo. Fe fyddwn i'n dotio at weld fy mrawd hyna, Ifan, yn toi'r helmi yn yr ydlan mor grefftus a chymen fel y gwelwyd ei debyg gan Dic Jones:

> 'Gweld campwaith cywreinwaith helmwr cryno
> Bon-i-linyn wrth araf benlinio.'

Cael bwyd ma's ar y cae, gymaint mwy blasus nag yn y tŷ, a reid ar y gambo pan fyddai'n wag. Rhedeg a raso a chlebran a chwerthin.

Yn nhymor aeddfedu'r ffrwythau fe fyddem wrthi fel gwybed, yn casglu afan gochion a mwyar duon oddi ar y perthi, llysie duon bach ar y cloddiau a llugaeron ar y waun, a byta nes bod ein cegau'n bob lliw. Byddai eirin pêr a rhai surber ar goed ger y tŷ, wedi eu plannu gan 'nhad. Gwsberis ddigonedd yn yr ardd a riwbob, ac ambell goeden fale. Roedd digon o ffrwythau felly i wneud tarten neu dwmplen neu jam. Pan ddôi tymor hela cnau, dringo coed a rhwygo dillad ac fel y wiwer, casglu digon dros y gaea'. Doedd dim munud segur yn ein hanes ac ar ambell adeg arbennig o stresol fel y cneifio fe fyddem yn rhedeg i bobman ar unwaith yn gymysg â'r cŵn yn cyfarth a'r defaid a'r ŵyn yn brefu a'r dynion yn gweiddi, 'Hwi! Ha!' wrth eu cael i'r cae cyfagos, neu dan do os oedd perygl glaw. Y cyfan yn un howrô fawr. Yna'n gymysg â chlip clip y gwelleife ac ogle'r gwlân a'r pitsh, lleisiau'r dynion yn gweiddi, 'llwdwn', 'dyma hi lan', neu 'dyma hi lawr'. Eu gwylio'n rhoi marc *J* mewn pitsh ar y defaid wedi eu cneifio, gweld trin ambell glwyf a wnaed â'r gwellai, a helpu datod y llinynnau am eu traed, yn llawn ffŷs a phwysigrwydd. Clebran a chwerthin mawr yn y sgubor a thynnu coes a phryfocio. Dyn â chnwd o wallt yn eistedd gyferbyn ag un penfoel. 'Do's dim ishe to ar sgubor wag,' medde'r gwalltog, a'r llall yn ateb fel bollt, 'Fe dyfith pob hen ffrwcs mewn cors.' Yna i'r tŷ am ginio bendigedig o gig eidon a chig manllwn gyda thatws o'r cae a llysiau o'r ardd a phwdin reis yn llawn cyrens a resins wedi bod yn y ffwrn wal dros nos. Dwy' ddim erioed yn fy mywyd wedi profi dim byd mwy blasus na'r pwdin cneifio 'na.

Hwb i'r Galon   *Cassie Davies*

Mac

Wel, ci ydoedd Mac; ci defaid glân, serchog, trwsiadus, a chanddo air caredig i'w ddweud wrth bawb. 'Ci fflonsh iawn' fyddai'r disgrifiad ohono yn yr Hen Ardal. Gwisgai, haf a gaeaf, mewn brown gweddus; ei goler a'i ffrynt yn berffaith wyn gan taw beth fyddai ei waith. Yr oedd yn llond ei got, ac yn llond pob swydd a gyflawnai.

Medrai droi ei bawen at unrhyw orchwyl gyda'r rhwyddineb pennaf—corlannu'r defaid, sodlu hen fuwch anhydyn o'i phorfa, codi ffesant, dior y gath rhag dwyn bwyd y cywion; a helpu i gau'r hwyaid y gwanwyn yma pan fyddai ef, y Gŵr Coch, oddeutu, heblaw'r mân 'alw' ar arch pawb at ddibenion cyffredinol y clos. Yr oedd ei bresenoldeb siriol, difwstwr yn ddigon i gadw trefn ar fuarth ac ar faes.

Yn wir, yr oedd Mac, yn ôl fy marn onest i, hyd y dydd hwn, yn fwy o werth ac yn llawnach ci ymhob cylch o fywyd na hanner-dwsin o'r cŵn callaf a gwrddais erioed. (Wrth gwrs, 'dydw i ddim yn sôn yn awr am gampwyr 'y treialon cŵn defaid'. Rhyw gŵn syrcas ydyw'r rheiny, wedi'r cyfan—yn byw ar weld eu lluniau mewn cwpanau; ac nid cŵn parchus y seiet a'r cwrdd gweddi, fel y cofiaf i hwynt cyn dyddiau'r Diwygiad.)

O dan lofft drawstiog ein tŷ ni crogai'r gwellau, gyda'r corcyn arferol yn diogelu ei flaen—a'r llinyn hwnnw ag arno ôl rhwymo llawer pedwar-troed wedi ei ddirwyn yn dyn am ei lafn. Pryd bynnag y gwelai Mac fy nhad yn estyn ei fraich i fyny i gydio yn y gwellau hwn llamai at ei ysgwydd, a chyda nifer o fân wawchiau o orfoledd pur diflannai drwy fwlch y clos fel mellten felen yn ehedeg liw dydd.

Erbyn i 'nhad gyrraedd y lloc ar dop y banc, a minnau'n dod donc, donc, wrth ei gwt, byddai Mac wedi crynhoi'r defaid yn dwr clyd i'r gorlan. Gorweddai ef ei hun yn groes i'r adwy, ei ben ar ei ddwy droed flaen, a'i dafod ystwyth, denau yn lludd-edu'n galed—un llygad ar y defaid a'r llall ar ei feistr, a'r sgwat bach wrth ei ochr yn nesáu yn boenus o araf iddo ef.

Cyn gynted ag y cyrhaeddem o fewn y pellter digonol, fel na chynigiai hyd yn oed y sprilen fwyaf haerllug fwrw maes, llithrai Mac ymaith ar ei ail rownd heibio i gilfachau rhedynog Cwm Byrgwm rhag ofn y llechai yno lwdn disberod a fethodd ufudd-hau i'w alwad cyntaf.

Y mae llais clir, tenoraidd, fy nhad yn gweiddi, 'Cim ôn, was! . . . Cim—ô—ô—ôn! Cim—ô—ô—ô—yn!' (gyda'r 'yn' sydyn yn diweddu) o weld Mac ar y bencyn draw yn cynnull yn ddeheuig yr ambell golledig hyn, yn atsain byw ar fy nghlust y funud hon. Wrth gwrs, ni ddeallwn air o iaith y 'Cim ôn' y dyddiau pell hynny. Yr unig rai a'i deallai yn yr Hen Ardal oedd y cŵn, y tramps, a'r ysgolfeistr.

Hen Wynebau   *D. J. Williams*

Y Ci Defaid

Rhwydd gamwr hawdd ei gymell—i'r mynydd
  A'r mannau anghysbell;
Hel a didol diadell
Yw camp hwn yn y cwm pell.

Thomas Richards

Y Carnifal

Cerddodd Sam Pierce a dau blisman o Dre Glo ar flaen yr orymdaith, a dilynwyd hwy gan y band cyntaf. Yn benderfynol o gipio'r decpunt o wobr, o'r cwm nesaf y daethant hwy, ac edrychai pawb arnynt gydag edmygedd oherwydd iddynt ennill mor aml o'r blaen mewn gwahanol leoedd. Goliwogiaid oedd yr aelodau, pob un wedi clymu ei drowsus yn dynn am ei fferau ac yn gwisgo côt fer a'i chotwm yn streipiau glas a gwyn. Am eu gyddfau yr oedd coler fawr wen a bwa anferth o ruban coch. Wynebau duon a oedd iddynt, wrth gwrs, a pheintiasai pob un gylch gwyn o amgylch ceg a llygaid. Ar eu pennau, gwallt trwchus o wlân du. Cerddent yn urddasol, a sicrwydd buddug-oliaeth ym mhob cam, yr unig fand a chanddynt wisg barod. Ond chwarae teg i Bobl Bryn Glo, rhoesant 'Hwrê!' cynnes i'r dieithriaid ffyddiog hyn.

O'u hôl hwy, deuai lorri ac arni'r geiriau 'THE EMPORIUM —CLOTHES FOR ALL AGES'. Ynddi eisteddai hen hen wraig â phlentyn ar ei glin, ac o'i chwmpas hi safai pedair o rai eraill—geneth fach fel petai ar gychwyn i'r ysgol, merch tua deunaw, gwraig a oedd i gynrychioli rhywun deugain oed, ac un arall y dywedai ei gwisg ei bod tua thrigain. Cawsai Jenkins yr Emporium fenthyg y baban am ddwy awr ar yr amod bod ei chwaer, Barbara Amelia, yn cael ymddangos fel y ferch-ysgol yn y darlun. Prin yr oedd gan Jenkins hawl i ddadlau bod llygaid croes gan Barbara Amelia, ac wedi'r cwbl, gwisg y ferch a oedd yn bwysig. Yr eneth ddeunaw oed oedd honno a werthasai'r anrheg-ion Nadolig i William Jones, ond yn lle'r ffrog ddu a wisgai yn y siop, yr oedd amdani ddillad a dynnai sylw hyd yn oed yn Ascot. Mrs. Jenkins oedd y wraig tua deugain. Na, nid dweud yr wyf fod Mrs. Jenkins yr Emporium tua deugain oed—yr oedd ei merch, Sally, dros ei deg ar hugain—ond gwnâi ymdrech deg, er ei bod hi mor dew, i berthyn i'r dosbarth hwnnw. Wrth ei hochr hi, gan geisio dangos i'r byd sut i heneiddio'n hardd, safai mam esgyrniog Jack Bowen. Nid oedd hi na hen na hardd, ond gan ei bod hi mor gyfeillgar â'i wraig ac wedi ei chynnig ei hun i'r swydd, beth a allai Jenkins druan ei wneud, onid e?

Tu ôl i'r lorri, gwthiai Dai Llaeth goits-babi. Ynddi, yn edrych yn bur anghysurus â'i liniau bron â chyffwrdd ei ên, eisteddai Eic Hopkins yn sugno potel fabi ac yn wên o glust i glust. Eic oedd gŵr tewaf y pentref a chwsmer gorau'r *Miner's Arms*. Sut y llwyddasai i ddringo i mewn i'r goits a oedd yn ddryswch mawr, ond câi am ei drafferth, ac am chwifio fflag ac arni'r cyngor DRINK MORE MILK, bris pedwar peint o lefrith go dywyll ei liw. Taflai Dai Llaeth olwg pryderus ar olwynion y goits bob rhyw bum llath, ond er bod un ohonynt yn gwegian yn o beryglus, yr oedd ynddo lawn hyder ffydd y cyrhaeddai'r cae'n ddiogel. A phe digwyddai rhyw anffawd—wel, ei goits ef oedd hi, a gallai Eic gerdded.

Dilynwyd hwy gan Ardd Eden ar olwynion. Anogai Adda ac Efa, â matiau o groen amdanynt a dail a blodau o bob math o'u hamgylch, bawb i fwyta mwy o ffrwythau. 'Oi, Jim, shwd ma' hi'n dishgwl am un o'r bananas 'na, bachan?' gwaeddodd un o'r edrychwyr, a bu Jim yn ddigon annoeth i ddilyn yr awgrym. Lle go gyffrous fu Gardd Eden wedyn, gan i amryw o'r dyrfa, a'r plant yn arbennig, gredu bod yr haelioni hwn yn rhan hanfodol o'r darlun. ''Shgwlwch, 'Mam, 'cw mat parlwr ni!' meddai'r ferch fach a gododd William Jones yn ei freichiau i gael gwell golwg ar yr orymdaith.

Yna, gan edrych yn ffyrnig a ffroenuchel, camodd band yr Indiaid Cochion heibio. Collasai llawer hen geiliog ei gynffon y bore hwnnw, ac addurnai'r plu yn awr benwisg y gwŷr urddasol hyn. Lliwiasent eu croen yn goch o'u talcen i'w gwasg, ond yr oedd hi'n amlwg na pherthynai pob un ohonynt i'r un llwyth, gan fod gwahaniaeth dirfawr rhwng ambell goch a'i gilydd. Sachau oedd deunydd eu llodrau, ac i lawr yr ochrau allanol rhedai ymylon anwastad fel crib ceiliog; gwelid arnynt hefyd ystaeniau cochion lle sychasai'r Indiaid eu dwylo cyn ailgydio yn eu hofferynnau cerdd. Nid edrychai'r gwŷr hyn i dde nac aswy, dim ond camu ymlaen yn filain eu trem; eu prif gamgymeriad oedd dewis darn cerddorol nad oedd yn debyg o fod yn boblogaidd ymhlith Indiaid Cochion o unrhyw lwyth—'Gwŷr Harlech'.

THE BEAUTY OF BRYN GLO a oedd ar y lorri nesaf, ac addurnwyd hi â brigau gwyrddion a blodau amryliw. Ynddi safai rhyw ddwsin o rianedd teg, o bob lliw a llun—wel, o bob llun, beth bynnag. Ymgeiswyr am yr anrhydedd o fod yn Frenhines Harddwch oeddynt, a châi'r un a goronid ddwy gini a chymeradwyaeth fawr. Yr oedd rhai ohonynt fel duwiesau balch yng nghanol y dail a'r blodau, ac ymddangosai eraill yn ddifater, fel pe'n synnu eu darganfod eu hunain yno o gwbl. Safai'r gweddill yn yswil ac ofnus, gan edifarhau iddynt fentro wynebu'r dyrfa ar y strydoedd. Yr hogan fach nerfus 'na yn y ffrog las a ddewisai William Jones petai ef yn feirniad; yr oedd hi braidd yn debyg i gariad Arfon. Nid yr eneth yna a oedd wedi lliwio'i gwallt bron yn wyn, yr oedd ef yn sicr o hynny. Y gnawes fach bowld iddi hi!

Tynnai'r lorri nesaf lawer o sylw, yn arbennig ymhlith yr ifainc. KEEP FIGHTING FIT ON PRICE'S PILLS oedd y geiriau arni, a rhwymwyd rhaffau o bolyn i bolyn i gynrychioli llwyfan bocsio. Yr oedd dau focsiwr ar y llwyfan hwn, un yn swp wrth y rhaffau wedi hen 'laru ar yr ornest, a'r buddugwr, Gomer Rees, yn ysgwyd dwylo ag ef ei hun ac yn gwenu a nodio ar bawb. Pan gychwynasai'r orymdaith, yr oedd y ddau focsiwr yn gyfeillion mawr ac yn ddiolchgar i Price, y fferyllydd, am roddi iddynt hanner coron yr un. Ni fwriadwyd o gwbl i Gomer gymryd y peth o ddifrif.

Daeth y trydydd band heibio, dynion duon o ddyfnder yr Affrig, pob un yn 'sgleinio ar ôl triniaeth y brwsh blaclèd. Yr oedd cylchoedd pres, a fuasai'n cynorthwyo i ddal llenni'r parlwr, yn hongian wrth eu clustiau, ac am eu gyddfau gwisgent bob math o bethau—gleiniau, aeron, a hyd yn oed afalau bach-coch-cynnar. Ychydig arall a wisgent ar wahân i'r trons cwta am eu canol a'r esgidiau amryfal am eu traed. Digon yw dywedyd bod ambell un yn rhy dew ac arall yn rhy denau i fedru fforddio gadael eu dillad gartref. Ond ni churwyd drwm erioed yng nghanolbarth yr Affrig â mwy o frwdfrydedd nag y chwythai pob un o'r rhai hyn ei gasŵc.

Beiciau wedi'u haddurno a ddilynai'r dynion duon—un fel llong hwyliau, yr ail fel awyrblan, eraill yn rubanau lliwgar i gyd. Pan ddaeth yr hen Foses Isaac heibio ar ei 'geiniog-a-ffyrling', rhoes pawb 'Hwrê!' fawr iddo. Cadwai'r hen Foses y beic yn barchus yn y cwt yn y cefn, a dim ond rhyw unwaith y flwyddyn fel hyn y dygai ef i olau dydd. Ef a enillai'r wobr bob gafael.

Tu ôl iddo ef, y cerddwyr—pâr tua saith mlwydd oed newydd briodi, a'r priodfab mewn dagrau am fod ei het silc yn gwrthod sefyll ar ei glustiau ar waethaf cymorth y Person; Charlie Chaplin yn tynnu ystumiau; dyn tebyg iawn iddo, brodor o'r Almaen, yntau'n tynnu ystumiau ac yn dal ei law i fyny i gyfarch pawb; un arall o'r Eidal, gŵr tew a oedd yn ên ac yn fedalau i gyd; Dai Loshin yn ei het fowler a'i jersi goch, yn cario pêl a bwyta cenhinen; a hen fenyw fach Cydweli yn ei gwisg Gymreig yn rhifo'i loshin du. Ac yn gynffon i'r orymdaith daeth peiriant newydd y Brigâd Tân, ac edrychai'r gwŷr yn hardd yn eu helmau gloyw a'u hesgidiau uchel. Canai'r Capten y gloch yn ffyrnig, a chredodd amryw fod tân yn y pentref o'r diwedd.

Trosglwyddodd William Jones y ferch fach a ddaliai yn ei freichiau i'w mam, ac yna dechreuodd Wili John wthio pen y gaseg yn ôl tua'r stryd.

'Hanner munud, was!' gwaeddodd Crad. 'I b'le'r wyt ti'n mynd?'

'Ar ôl y prosesion, Dada.'

'O'n wir! Os wyt ti'n meddwl fy mod i'n mynd i ddilyn y crowd 'na, yr wyt ti'n gwneud coblyn o gamgymeriad.'

'Ond pam?'

'Am y rheswm syml y bydd pobol yn credu ein bod ni'n rhan o'r Carnifal, 'ngwas i. Mi arhoswn ni yma nes bydd y ffordd yn glir.'

Wedi i ryw bum munud fynd heibio, ac nid cynt, cytunodd Crad ei bod hi'n bryd iddynt gychwyn am y cae. Nid oedd fawr neb ar yr heol, ond pan droesant o'r ffordd bost tua'r orsaf, fe'u cawsant eu hunain wrth gynffon yr orymdaith—yr oedd y clwydi mawr pren ar y groesffordd tu draw i'r stesion ynghau nes i'r trên pump fynd heibio i Gaerdydd. Penderfynodd tyrfa o fechgyn anystyriol roi banllef o groeso iddynt, a rhuthrodd llu o bobl yn ôl i ddarganfod achos y cynnwrf. Canodd Capten y Brigâd Tân hefyd ei gloch, a chredodd y gaseg mai gwahoddiad iddi hi i ymladd y rownd nesaf oedd y sŵn. Cododd ei phen yn wyllt a chamodd ymlaen, gan roi plwc sydyn i'r cart a gyrru Crad a William Jones yn bendramwnwgl. Ond llwyddodd Wili John i'w darbwyllo, gan egluro iddi mai gan Gomer Rees, ac nid ganddi hi, yr oedd yr hawl i focsio. Ailgychwynnodd yr orymdaith ymhen ennyd, ac yn y cae, ymunodd Crad a William Jones â'r hanner cylch a wyliai'r beirniaid yn ceisio dewis y tawelaf o'r babanod gwichlyd. Gadawsent Wili John i ofalu am Queen a'r cart, gan addo dychwelyd cyn gynted ag y byddai'r cystadlaethau drosodd, er mwyn i'r bachgen gael brysio adref i hebrwng y claf a'r cloff ac yna ruthro'n ôl i ennill y ras-rwystrau yn y mabolgampau.

Y rhianedd teg a ddringodd i'r llwyfan yn nesaf, ac yr oedd William Jones yn falch iawn pan enillodd y ferch fach nerfus yn y ffrog las. Beirniaid doeth, meddai wrth Crad. Rhoed i'r hen Foses Isaac ei gini flynyddol am ddwyn ei 'geiniog-a-ffyrling' allan o'r cwt yn y cefn i lawr i'r cae, a chafodd Hitler wobr am dynnu ystumiau. Yna safodd pob lorri yn ei thro o flaen llwyfan y beirniaid. Erbyn hyn, codasai gwrthwynebydd Gomer Rees, gan benderfynu dangos i'r byd na phallai'r nerth a oedd yn PRICE'S PILLS. Dawnsiai ef a Gomer Rees ar y lorri, ond eto unwaith, anghofiodd dwrn de Gomer mai cymryd arno daro oedd ei ddyletswydd ac, am yr ail dro mewn prynhawn byr, llor-iwyd y llanc arall a syrthiodd yn llipa i hongian tros y rhaffau. Chwarddodd y beirniaid—a rhoi'r wobr iddynt.

Yna'r bandiau. Yr oedd hi'n dechrau glawio, a gwelai pawb na fwriadwyd inc coch yr Indiaid na blacléd y dynion duon ar gyfer tywydd gwlyb. Er hynny, canodd y ddau gôr hyn yn dda iawn, er bod blas go anfelys yng ngheg pob gŵr fel y rhedai'r glaw i lawr ei wyneb ac i'w safn, ac uchel oedd cymeradwyaeth y dorf pan ddyfarnodd y beirniaid y dynion duon yn orau. Edrychai'r Goliwogiaid yn ddig, ac anfodlon braidd oedd camau'r Prif Oliwog tuag at y Prif Ddyn Du i'w longyfarch. Ond pan dynnodd hwnnw wig y llall a'i gwisgo o ran hwyl, anghofiwyd pob gelyniaeth mewn chwerthin.

William Jones   *T. Rowland Hughes*

Bysus a Beics

Yr oedd chwarae bysus gyda beics yn fusnes difrifol. Ar ôl i nhad brynu beic i mi—un ail-law ar ôl Michael Hughes, un heb fydgard ar yr olwyn ôl—byddai John a Brei a Ber yn dod lawr i'n hewl ni, am fod llain bychan rhwng dwy ardd yno a oedd yr un siâp, os nad yr un faint, â garej fysus Rees & Williams.

Byddai John yn dweud wrth bawb ohonom am osod ein beics yn syth i wynebu allan, ac i sefyll gam ar led ar eu traws. Unwaith y byddem yn sefyll felny, byddai Brei neu Ber yn gofyn i John.

'Wel te, Llew, ble ŷm ni'n mynd heddiw?'

'Mystery,' meddai John.

Ystyr hynny oedd na wyddai neb ond ef i ble yr aem; golygai hynny hefyd ei fod ef yn cael arwain.

'Refiwch, bois.' A byddai John a Brei a Ber a finnau am y gorau yn poeri sŵn drwy'n gwefusau: Brrmmm, Brrmmm, Brrmmm. Yna i ffwrdd â ni i ben ein hewl ni, i lawr tyle'r Cefn, a ma's i'r hewl fawr, heibio i festri Berea, pedlo ffwl-pelt rownd Tro Berea am dŷ Edwards y Co-op, a Thro Gynôl, un wrth gwt y llall yn drefnus mewn rhes fel y gweddai i fysus trip. Yna dyma John yn rhoi ei fraich dde allan i ddweud ei fod yn troi lan i gyfeiriad y Gwaith Dŵr; ac mi wyddwn i o'r eiliad y gwelais fod ei fraich allan mai fi fyddai'r Crocodeil cyn pen y daith, oherwydd doedd gen i ddim thri-spîd ar fy meic, ac yr oedd yn amhosibl dringo heibio'r Gwaith Dŵr yn gyflym heb thri-spîd.

Pan own i yn codi o fy sêt i bwyso'n drymach ar fy mhedalau dyma Ber yn hedfan heibio imi ar '*Low*' ac yn rasio ymlaen. Yr oedd John a Brei eisoes wrth geg y ffordd a arweiniai i lawr i'r Gors-hir.

Wel, doedd y *mystery* ddim yn *fystery* mwy. I'r Barri yr oedd y trip yn mynd, mi wyddwn hynny yn awr, oherwydd ar y darn comin lle codwyd beudy bychan Gors-hir yr oedd gweddillion hen Forris 8; a hwnnw, debygwn i, oedd Ffair y Barri. Ac erbyn i mi gyrraedd yr oedd John a Brei a Ber yn eistedd yn yr hen gar ac yn ei drin a'i drafod yn eu meddyliau yn gymwys fel pe bai yn gar *Dodgem*. Ar ôl cael dau dro ar y *Dodgems*, symud i lawr at y nant a oedd, o dan yr amgylchiadau, yn ddigon da byth i fod yn dipyn o fôr. Ac yna, penllanw'r trip, byddai Mr. Morus Gorshir yn gadael inni ddringo i'r dawlod a oedd yn lle gwell i neidio a rowlio na'r trampolîn ar bromenâd y Barri.

Mi ddwedais i eisoes fod chwarae bysus gyda beics yn fusnes difrifol. Ac yr oedd. Ar ôl inni gyrraedd yn ôl i'r llain ar ein hewl ni, byddem yn codi'n beics ac yn eu gosod ben i waered, i orwedd ar eu cyrn a'u cyfrwyau, er mwyn smalio rhoi olew ar eu holwynion a'r pedalau, yn barod am y trip nesaf.

'Straeon Tegs', Cynllun y Porth   *Derec Llwyd Morgan*

AWST

Ar y Llwyfan

Yr wyf yn eistedd ar lwyfan mewn pabell fawr, fawr, ynghanol rhes o blant dan bump oed, ac y mae pob un ohonom yn mynd i adrodd. Mae dyn canol oed, caredig yr olwg arno, yn gofalu ein bod yn blant da a distaw, a chyn hir y mae'n galw fy enw i. Yr wyf yn cerdded yn dordyn i flaen y llwyfan, ac yn sbïo dros jyngl o flodau a rhedyn ar fôr o wynebau. Rhywle yn y dorf y mae dyn o'r enw Llwyd o'r Bryn, ac y mae ef yn ddyn pwysig iawn am mai ef ydyw'r beirniad. Mae'r bobl i gyd yn distewi a'r arweinydd yn cyhoeddi fy enw, ac yn tynnu ei fraich oddi amdanaf cyn codi oddi ar ei gwrcwd. Yr wyf yn barod i ddechrau:

'Dacw alarch ar y llyn
Yn ei gwch o sidan gwyn.'

Ac, yn sydyn, 'rwy'n gweld Mam. Mae Mam yn gwenu arnaf, ond 'fedra' i ddim gwenu'n ôl neu mi anghofiaf. Mae aroglau'r blodau yn fy ffroenau, ac mi glywaf y glaw yn curo'n ddi-baid ar do'r babell. Y tu allan mae'r plant mawr yn chwerthin a chadw reiat. Mae awel ysgafn yn peri i'r gwifrau sy'n dal y bylbiau trydan uwchben y gynulleidfa siglo yn ôl ac ymlaen.

'Dyma faban yn ei grud;
Perl ei fami, gwyn ei fyd.'

Ac y mae'r gynulleidfa yn gwenu ar ei gilydd ac yn curo dwylo. Mi gaf fynd yn ôl at Mam yn awr, ond y mae dibyn erchyll rhwng y llwyfan a'r llawr, ac y mae gennyf ofn syrthio. 'Rwy'n dechrau crio, ac y mae Mam yn symud o ganol y bobl ac yn dod i'm nôl. Mae'r arweinydd yn gafael yn fy llaw ac yn fy arwain ar daith ansicr i lawr y grisiau.

Eisteddfod y Tri Phlwyf   *Gwynn ap Gwilym*

Codi'n Hwyr

Adeg Eisteddfod Genedlaethol Corwen 1919 roeddwn i fod yn yr orsedd ar Ben Pigyn, Corwen, erbyn hanner awr wedi wyth y bore, ond cysgais yn hwyr. Yn sydyn clywais sŵn band yr Orsedd yn mynd heibio i'r tŷ. Trychineb! Neidiais o'm gwely, trewais lastig am fy nghanol ar ben fy nghoban—cot amdanaf a ffwrdd â fi ar ras wyllt fel sgwarnog i fyny'r allt heibio i'r orymdaith, a chyrhaeddais Ben Pigyn a'm gwynt yn fy nwrn mewn pryd i roi cainc ar y delyn i agor yr Orsedd. Roedd Telynor y Berwyn wedi mynd â'm telyn yno o'm blaen a'i thiwnio'n barod i mi. Mynd yn syth o'r Orsedd i'r Capel i ragbrofion. Yna nôl i'r Pafiliwn ar y llwyfan. Ac felly y bu hi drwy'r dydd o'r llwyfan i ragbrawf, ac o ragbrawf i'r llwyfan, yn fy nghot wedi ei botymu'n dynn ar ddydd Llun crasboeth cyntaf o Awst.

'Tynnwch eich cot, Nansi fach, 'dach chi'n chwys domen,' meddai Caerwyn.

'Na, rydw i'n leico gwres,' meddwn inne'n swta.

Da oedd gennyf orffen a mynd i'r tŷ am baned a rhoi ffroc sidan amdanaf yn barod i'r cyngerdd. Teimlo'n hynod o smart hyd nes i Syr Charles Tree ddweud wrthyf yn yr *anti-room* 'Nice shoes, Nansi.' Sylweddoli nad oeddwn wedi newid fy 'sgidiau. *Pumps* gwynion oedd gennyf am fy nhraed.

Cwpwrdd Nansi   *Nansi Richards*

85

Torri Drych

Practeisio'r nos at honno ar ôl i bawb fynd i'w gwelâu. Yr olew yn darfod yn y lamp. Mofyn cannwyll a'i rhoi mewn tatsch o wêr ar fy nghadw-mi-gei ar y dreser—slwmbran cysgu a llosgi twll ynddo. A thwll sydd ynddo byth!

Noson cyn cystadlu roeddwn i'n cysgu yn Telynfan, Y Bala. Mynd ar fy nglinie cyn cysgu i ofyn am wobr. Cofio ganol nos fod Dafydd Roberts y Telynor Dall o Fawddwy ymysg rhai eraill yn cystadlu. Codais o'm gwely, ac ar fy nglinie eto i ofyn i'r Bod Mawr am roi'r wobr gyntaf i'r Telynor Dall, os, *ie os,* oedd wedi gweddïo hefyd.

Brysio a gwisgo amdanaf y bore wedyn, yn nerfau i gyd, a phan oeddwn i'n clymu ruban gwyn yn fy ngwallt, cwympodd y drych oddi ar y wal a thorri'n deilchion.

'Wel, wel, Nansi fach, anlwc am saith mlynedd,' medde Mrs. Lloyd.

Ond lwc ges i.

Cwpwrdd Nansi　　　　　　　　　　　　　　　　　　*Nansi Richards*

Llangrannog

Mi rown y byd yn gyfan
Pe deuai'r haf ynghynt
I'r traeth lle dôi'r gwersyllwyr
Yn heidiau ar eu hynt.

'Chaiff Siân ddim dod eleni—
Mae hi yn dair ar ddeg,
A bydd ar ben ei digon
Os na chawn dywydd teg.

'Bydd rhuo'r môr fel teigr!'
Medd hi, er codi braw,
'A Charreg Bica'n gorwedd
Fel llewpart llwyd gerllaw!'

Rhof sbonc i'r baddon nofio
A sblas! (os caf y siawns),
A byddaf wedi blino
Cyn dechrau'r twmpath dawns!

'Mae'r disco'n dy fyddaru,'
Medd Siân, ''run fath â ffair,—
Rhaid dianc i'r cysgodion
I geisio yngan gair!'

Ond O! 'rwyf am ferlota
Yng ngwellt y Sgubor Fawr,
A rhown y byd yn gyfan
Pe caem farchogaeth nawr.

Ymhen dwy flynedd eto
'Does wiw 'gael tywydd teg,—
Bydd Siân wrth Lyn y Bala
A minnau'n dair ar ddeg.

Cwlwm y Glo Caled   *Arwel John*

Porth yr Aber

(Detholiad)

Fe ddôi haf a'i ddyddiau hir
Heibio i Borth yr Aber,
A dwylo celyd y cynaeafau
I feddalu eu cyrn yn yr heli.
Ceirt Trelech a siarabangiau'r Tymbl a Phontyberem,
Yn stribed o Bencartws i'r traeth,
A'r Ysgolion Sul yn mabolgampio
Yn rhyddid unwaith-y-flwyddyn
Trywsusau torch, a byns a thywod—
Dydd Iau Mawr.

Ar Ddydd Iau Mawr mewn cart a cheffyl,
Ar Ddydd Iau Mawr mewn hwyl a helbul,
Ar Ddydd Iau Mawr mae pawb yn tyrru
I Borth yr Aber wrth yr heli.

Ar lan y môr mae bwyd yn ffeinach,
Ar lan y môr mae'r te'n flasusach,
Ar lan y môr mae gwraig Penpompren
Yn berwi dŵr a chrasu teisen.

Yn nŵr y môr mae swnd a chregyn,
Yn nŵr y môr mae ambell grancyn,
Yn nŵr y môr mae rhyfeddode
A bois Trelech yn nofio'r tonne.

Mae sgadan ffres ar draeth y Dyffryn,
Mae sgadan ffres yn rot y dwsin,
Mae sgadan ffres a phob rhyw drysor,
Pan fo llongau'r Plas yn bwrw angor.

Storom Awst   *Dic Jones*

88

Siarabang i Abersoch

Mae traeth Abersoch dipyn gwell na lan môr Dinas Dinlle, ac mi roedd y lle bwyd wedi gneud cinio ardderchog ac mi rydan ni'n mynd i gael te eto.

'Wyt ti'n mynd i ymdrochi?'

''Does gin i ddim beddingdrons.'

'Na finna chwaith. Ond mi 'dw i'n mynd i olchi 'nhraed.'

'A finna hefyd. At fan hyn.'

'Wyt ti wedi prynu rwbath?'

'Ddim eto. Wyt ti?'

'Pêl ddwbwl sgin.'

''Dw i am brynu compas ar ôl mynd yn ôl i'r dre o lan môr 'ma. A felin wynt hefyd.'

'Ia 'dw inna am brynu felin wynt hefyd.'

Ac aeth y diwrnod heibio o frôl i frôl ac o eis crim i eis crim nes daeth hi'n amser stopio ym Mhwllheli i gael *chips* ar y ffordd adra. 'Ydych chi eisio codi'r hwd?' gofynnodd y dreifar. 'Nag oes,' fel tae hi yn Ysgol Sul.

Mae'r felin wynt yn troi fel yr andros a'r corn yn clecian ar y fwclan a hithau'n dal i droi a throi a throi . . . A'r coed yn pasio, a'r dail a'r coed a'r wal, a'r wal a'r dail a'r coed a'r . . . coed . . . a'r wal . . .

A'r siarabang yn dal i fynd filltir ar ôl milltir am adra . . . A mis Awst yn mynd heibio noson ar ôl noson ar ôl noson.

Blwyddyn Bentre   *Gruffudd Parry*

Guto Benfelyn

Guto benfelyn o Dyddyn-y-celyn,
  A Gwenno o Dyddyn-y-gwynt,
    A aeth un diwrnod
    I chwarae i'r tywod,
  Yn ysgafn a llawen eu hynt—
Guto benfelyn o Dyddyn-y-celyn,
  A Gwenno o Dyddyn-y-gwynt.

Hwy welsant y llongau yn mynd dros y tonnau,
  A'u hwyliau yn chwarae'n y gwynt,
    A llawer gwylan
    Benchwiban yn hofran
  A hedfan yn simsan ei hynt—
A diwrnod i'w gofio oedd hwnnw i Guto,
  A Gwenno o Dyddyn-y-gwynt.

Castell o dywod, a ffos yn ei waelod,
  A'i faner yn chwifio'n y gwynt,
    A chlawdd i'w amddiffyn
    O wmon a chregyn
  I atal y llanw, a hynt
Holl lengoedd y gelyn, wnaeth Guto benfelyn,
  A Gwenno o Dyddyn-y-gwynt.

A'r tonnau a ruodd, a'r castell a gwympodd,
  A'r llanw a ruthrodd yn gynt,
    Gan ddwrdio a gwylltio
    A'r wylan yn crio,
  Bron syrthio mor simsan ei hynt—
Ond chwerthin, a chwerthin, wnaeth Guto benfelyn
  A Gwenno o Dyddyn-y-gwynt.

Cerddi a Baledi   *I. D. Hooson*

Igl Ogl Blw Botl

Mae rhin dewinol yn nyddiau diofal mis Awst, a chyfle i wneud yr holl bethau sydd wedi gorfod aros ers wythnosau. Sglefrio ar ddarn o lechen i lawr y Domen; gorwedd ar y mwsog ar ochor y mynydd uwch ben chwarel Cilgwyn i weld y saethu, a methu deall pam bod yna amser rhwng gweld y mwg a chlywed y glec; mynd i Lyn Cob i bysgota sili-dons efo ffon a phot jam a llinyn a phin; sefyll yn nrws y becws pan fydd y teisus cyraints yn dod allan o'r popty ar y treis mawr duon er mwyn bod yn barod rhag ofn y bydd yr ymyl wedi llosgi tipyn bach ac yn cael ei thorri yn grystyn main ac y bydd eisio'i fyta fo, a'r siwgwr wedi crasu'n daffi arno; mynd i le Griffiths i' gweld nhw'n gneud arch; mynd i le'r crydd i weld o'n gwadnu sgidia; cerdded ar hyd pen wal Clwt Foty heb syrthio; cael pas yn drol lo i stesion Bryngwyn a cherdded i ben 'r Allt 'Refail i gwfwr tracsion Lêc a chael pas adra; dal iâr bach yr ha'; dysgu reidio beic; chwara tonna môr; gneud siglan denyn; pysgota yn Nant yr Hafod efo llaw o dan y dorlan, a rhegi yn uchel lle'r oedd bwrlwm yr afon yn gwneud sŵn rhwng y cerrig; chwara cuddio a dewis un o'r llu rhigymau i 'gyfri' er mwyn dewis pwy oedd yn dwb i roi ei ben i lawr a chyfrif at gant i roi cyfle i'r gweddill ddi-flannu tu ôl i gloddiau a bonau coed a drysau beudai. Igl ogl blw botl igl ogl owt.

Blwyddyn Bentre   *Gruffudd Parry*

Charlie v. 30

Daw un tro go ddigrif i'm cof am Edeyrnion. 'R oedd milodfa enwog Bostock and Wombwells i ddod i Gorwen. A rhai wythnosau ymlaen llaw gwelid bron pob post llidiart a drws a ffenestr gyfleus o grib y Berwyn hyd ochrau Hiraethog wedi eu haddurno â phosteri lliwgar o lewod ac eirth, teigrod a llewpartiaid rheibus yn barod i larpio'u ceidwaid yn union o flaen y dyrfa. A pha wledd fwy blasus y gellid meddwl amdani i bobl yn dyheu am dipyn o newid ar eu bara beunyddiol. Ond y peth a lygad-dynnodd wlad a gor-wlad yn fwy na dim ydoedd sialens Charlie'r Eliffant, rhyw gawr o gawrfil ymhlith cawrfilod y ddaear, yn ôl yr hysbysebau, a oedd yn barod i dynnu mewn twg-o-wâr, ei hunan bach, yn erbyn y deng ŵr ar hugain cryfaf y gellid eu dwyn i'r maes i ymryson ag ef. Ac un o freintiau mawr fy mywyd i yr wyf yn gallu edrych yn ôl arni, hyd heddiw, gyda balchder, yw i mi, yr Hwntw coch y tu hwnt i Ddyfi, gael fy newis, gydag eraill o lanciau cedyrn Edeyrnion, i gymryd rhan yn yr ornest nodedig hon . . .

Rhyw hwyrddydd o ganol haf ydoedd hi, fel y dywedais,—yr hin wedi bod yn grasboeth ers cryn amser, a'r tir o dan draed yn y pafiliwn enfawr, gorlawn o bobl, yn hynod galed. Yn un pen i'r babell safai Charlie heddychlon, a'i gefn llonydd, llwyd, fel cefn y Mynydd Du yn y pellter o'm cartref i; a cherllaw iddo ar fath o stand uchel, yr oedd cwpan arian mawr, o lawn maint bwced godro cyffredin, a'i du mewn o felyn aur puredig, gellid tybio, wrth i'r clown ei droi yn araf o gwmpas yn llygaid y gynulleidfa. Hwn ydoedd cwpan y sialens,—y cawr yn erbyn y cewri, i'w ennill a'i gadw gan yr ochr a gurai ddwywaith allan o dair.

Galwyd ar y deg ar hugain ohonom i ddod allan i un pen i'r babell, a finnau'n un o grŵp Llandrillo. Yno y safai Charlie, y mynydd mawr, cyfeillgar o anifail, a'i lygaid bach yn sbio'n fwynaidd arnom; ei harnais amdano wedi eu cysylltu wrth gambren o'r tu ôl iddo, a'i geidwad gerllaw, gŵr tal, pryd tywyll mewn cot goch a throwsus glas, tyn, gyda chwip hirgoes yn ei law yn barod i roi'r gorchmynion. Wrth y cambren hwn rhwymwyd un pen i raff gref. Cydiem ninnau, bob un ohonom yn honno, gan boeri ar ein dwylo fel y byddai ein gafael yn fwy diogel, y gwŷr trymaf, wrth gwrs, yn glynu wrth ben pellaf y rhaff. Gan fod y llawr wedi caledu cymaint oherwydd y sychder buom am beth amser yn ceibio ac yn tyrchu'r ddaear â'n sodlau er mwyn plannu ein hunain yn fwy di-sigl yn y tir; a'r dorf fawr mewn uchel hwyl yn gwylio . . .

Ond daeth y funud fawr, a phob sawdl yn sicr bendant ohoni ei hun. Ar arwydd neilltuol gan y ceidwad tynhaodd Charlie fonheddig y tresi, a'i ben ôl enfawr fel tas wair yn araf symud o'n blaenau. Ond dim yn tycio. Tynhau wedyn unwaith neu ddwy nes bod y rhaff den fel tant telyn Goliath, a ninnau'n dal ati mor gyndyn â brennig ar y graig. Yna cymylodd wyneb y ceidwad yn dywyllach byth, a chyda bloedd gwta a chlec gras y chwip dechreuodd annog yn ymosodol, a pharhau i annog. Ochneidiodd Charlie yn ddofn a chwynfannus gan ymnyddu ati unwaith yn rhagor. Ond yn llwyr ofer, eto; a chyhoeddwyd ni yn fuddugol gan feistr y seremoni mewn bocs hat a ffrynt wen a chot gwtws fain. A dyna floedd uchel fel bloedd y Philistiaid gynt yn poeni Samson yn esgyn drwy nen y pafiliwn canfas. Y ni, lanciau'r Berwyn a glannau Dyfrdwy wedi ennill y rownd gyntaf, gwedi ymdrech mor hir a chaled, yn erbyn y cawr cawrfilaidd hwn. A Charlie druan, er holl frolio'r posteri arno, a'i glustiau'n llipa fel dwy ddalen riwbob o gwmpas ei ben, yn ceisio cuddio peth o'i gywilydd.

A rhywbeth yn dra thebyg y bu hanes yr ail rownd wedyn, — y ni wedi ennill eto, a'r cwpan drud o arian ac o aur yn awr yn eiddo llawn i ni; a'r dorf fawr o ddwy i dair mil yn curo dwylo a bloeddio'i chymeradwyaeth hyd dopiau uchaf y Berwyn.

Ond arhoswch am eiliad eto, — nid dyna'r stori i gyd, fel y sylwyd o'r blaen. Wedi colli'r cwpan yn barod mynegodd y ceidwad drwy awgrym a winc gan drwnc yr eliffant, ei aelod mwyaf huawdl, yr hoffai ef gael un cynnig arall arni yn erbyn ei orchfygwyr. Derbyniodd hyn uchel gymeradwyaeth y gynulleidfa. A dyma ninnau, y deg ar hugain ohonom, wedi cael ein hanadl atom am ennyd, ac mewn ysbryd rhagorol yn awr, yn ymbaratoi i'r frwydr am y trydydd tro, — ein sodlau yn y ddaear, os dim, yn ddyfnach na chynt. Gwnaeth y treiniwr ryw

glic fach o sŵn od ym mhwll ei fochau, gan roi proc slei i Charlie
â bôn ei chwip yn ei ais. Ac os do fe, 'te! Dyna blwc sydyn, a
phlwc chwyrn wedyn,—plwc a'n cododd ni i gyd a'n heglau yn
yr awyr, ac wele Charlie yn martsio'n urddasol fuddugoliaethus
yn ei flaen o un pen i'r llall i'r pafiliwn, yn union fel pe na bai
dim ar ei ôl, gan ein llusgo ninnau fel haid o lyffantod baglog
heb goes o dan yr un ohonom. Ni fu erioed y fath alanastra o
grand ffinale er dyddiau'r arena yn amser Nero gynt, a barnu
wrth y sgrechfeydd o chwerthin ac ubain a gweiddi ymhlith y
dorf fawr, a nifer ohonynt hwythau erbyn hyn yn eu dyblau ar
lawr y borfa, gan fel yr oedd yr olygfa hon wedi cario'r dydd yn
llwyr arnynt.

Daeth y clown a'i drwyn coch a'i wyneb canwelw, sobr, i'r maes gyda hyn, gan gynnig, yn seremonïol iawn, gyflwyno'r cwpan i gynrychiolydd y tîm. Ond er cymell yn daer a chanmol ein buddugoliaeth mewn termau arwrol nid oedd gan neb ohonom ddigon o wyneb i fynd ymlaen i gyrchu'r trysor yng ngŵydd y gynulleidfa. Ni chlywais i byth beth a ddaeth o'r cwpan. Diau i Charlie droi ei drwnc yn garuaidd amdano fel yr eiddo ei hun, a'i ddwyn ar ei ysgwydd yn llawen i'r dref nesaf i gyflawni'r un gamp yno drachefn.

Yn Chwech ar Hugain Oed   *D. J. Williams*

Syrcas

Ni châi plant ein tŷ ni fynd i ffair Beddgelert, ffair Ŵyl y Grog. Yr oedd un ohonom wedi ei eni ar ddiwrnod y ffair honno, ond nid oedd hynny'n gwneud dim gwahaniaeth i'r ddeddf oedd yn gwahardd i ni fynd yno. Gwaeth na hynny, byddai hanner-diwrnod o ŵyl yn yr ysgol bob dydd ffair Beddgelert; eto yr oedd yn rhaid i ni ymdaro orau y gallem gydag unrhyw ddiddanwch lleol a chartrefol oedd o fewn ein cyrraedd. Gwagedd oedd pethau'r ffair, er bod parchusion yn ogystal â charidýms yn dylifo iddi o bob cyfeiriad. Byddai'r sŵn yn yr awyr am ddyddiau, a'r noswaith cyn y ffair byddai trwst hyd y lôn bost wrth i'r cerbydau ffeiriol gloncian heibio i'n tŷ ni tuag yno. Ac yn hwyr-foreol y noswaith ddilynol clywid twrf tebyg, ond gwacach, wrth iddynt deithio'n ôl. Ond ni chaem ni fynd i'r ffair; ac nid wyf yn beio fy rhieni ychwaith. Yn hytrach, i'r gwrthwyneb. Hyd y gallem gasglu, nid oedd yn lle i blant y Seiat fynd iddo, er i un o'm brodyr—y mwyaf gwrthryfelgar ohonom—ddianc yno un tro a dychwelyd yn ddifrycheulyd a chydag ystori ramantus am ei anturiaethau. Fe gaem 'bres i'w gwario' gartref, yn iawn am beidio â chael mynd i'r ffair. A chan gofio, trwy gymorth y pres hynny, wrth eu gwario ar sigarennau, y prentisiwyd ni'n ysmygwyr. Yng nghysgod gwal y mynydd ar y bryn sydd rhwng Llyn Cwellyn a Llyn y Dywarchen ar ddiwrnod ffair Beddgelert y taniwyd ac yr ysmygwyd y sigarennau prŷn a phrid hyn. Gwelir felly fod dylanwad y ffair er drygioni yn anuniongyrchol yn ogystal ag yn uniongyrchol.

Ond fe ddaeth cyfle hogiau'r Seiat, ac ar noswaith y Seiat hefyd. Yr oedd hysbyslenni lliwiog a lluniog a llythrennog wedi eu pastio hyd byst pob llidiart yn y gymdogaeth yn darogan dyfodiad y syrcas i'r pentref, ac yr oedd gwres y dwymyn yn codi bob dydd. Nid oeddem eto wedi dirywio cymaint â'r Rhufeiniaid gynt, nad oeddynt yn meddwl am ddim ond 'bara a syrcas'—*panem et circenses* yn eu hiaith hwy. Ond nid oedd wiw na dim iws i rieni neb geisio atal eu plant rhag mynd yno. A rhag i ni sorri'n bwt, a llyncu mul fe wnaethpwyd cymrodedd—hynny yw, cyfaddawd. Fe gaem fynd i'r syrcas ar ôl bod yn y Seiat a chael cynghorion yno sut i ymddwyn. Ac felly y bu.

Nid syrcas ydoedd hi yng ngwir ystyr y gair. Tipyn o sioe anifeiliaid mewn pebyll a rhes o stondinau ffair—dyna'r cwbl. Ond syrcas oedd ein henw ni ar y casgliad hwn o ryfeddodau diddanol. Yr wyf i fy hun yn cofio mwy am y posteri oedd yn ei hysbysu rhagllaw nag am y sioe ei hun, ac y mae'n siŵr i mi fwynhau'r rhagolwg yn fwy na'r sylwedd. (Ni chefais gymaint o flas rhag-baratoawl â hyn hyd yn oed pan welais bosteri'n hysbysu ymladd teirw, ar y Sul, yn Antofagasta neu Iquique flynyddoedd lawer wedi hynny.) Ac felly y mae hi gyda phopeth, o ran hynny. Ond yr oedd yno anifeiliaid rheibus a rhuadwy; yr oedd yno stondinau o bob math hefyd. Yr oedd pethau felly'n gymharol newydd i ni'r rhai lleiaf—a rhyw bytiau bach naw i ddeg oed oeddem. Nid oeddem wedi codi'n uwch o ran gweledigaethau anifeilig na'r myncwn bach dynol hynny a fyddai'n cracio cnau ar ben yr hyrdi-gyrdi, tra byddai'r 'Eidalwr' yn corddi'r miwsig mwyaf cyfareddol o haf-aidd a glywyd erioed. Nid oedd ein gwybodaeth stondinol yn cynnwys dim aruchelach na'r olwg a gaem, unwaith yn y pedwar amser, ar botiwr yn malurio ac yn gwerthu llestri wrth olau paraffîn mewn iard yng nghanol y pentref. Cyfyng iawn oedd ein cydnabyddiaeth â phethau mawr a dyrchafol y byd gwareiddiedig. Nid oedd ein gorwelion eto wedi ehangu, fel y dywedir. Rhyw sbarblis o hogiau oeddem ni, druain, heb wybod dim am sioeau dynion a ffeiriau'r byd.

Ond gydag amser fe'n diwylliwyd. Cawsom brofiad, y peth gwerthfawr hwnnw sy'n gwneud dynion yn ddoeth ac yn ddelfrydol. A dyma ni heddiw yn ddynion yn-ein-man ac wedi gweld digon o arddangosfeydd a syrcasau i fod yn brofiad i laweroedd.

'Yr oedd hi'n rêl syrcas yno,' ebr y sinig, a thewi'n ddoeth. Mi dawaf innau gyda dywedyd, 'Ymlaen â'r sioe'.

O'r Pedwar Gwynt   *T. H. Parry-Williams*

Sioe Bwystfilod

Wrth i ni ddychwelyd o'r ysgol ryw brynhawn, gwelem bapurau mawrion, lliwiedig wedi eu gosod ar furiau y Pentre, ac yr oeddem yn methu â deall beth oedd yn bod. Wedi mynd i'w hymyl gwelem mewn llythrennau breision y geiriau hyn,

GRAND WILD BEAST SHOW!

Ac yna gwaeddodd John Tŷ Pella,

'Sioe Bwystfilod! Mae hi yn dwad i'r dre ddydd Iau nesa.'

Ac yr oedd llun y Sioe ar y papur yn grand i'w ryfeddu, a llun yr eliffantod, y camelod, y llewod, y teigrod, y llewpartiaid, ac wn i ddim faint o greaduriaid, nad oeddem ni erioed wedi eu gweld. Ac yr oedd yno lun dyn du, a elwid, *The famous lion tamer,* a dywedid y byddai yn mynd i'r *cage,* ac yn rhoddi ei ben yng ngenau'r llew!

Fu 'rioed y fath gyffro ymysg plant Pentre Gwyn. Am y Sioe Fawr yr oeddem yn siarad y dydd ac yn breuddwydio'r nos, ac yr oeddem yn cyfri'r dyddiau, ac yn eu gweld yn pasio yn rhy araf o lawer. Nid oedd fawr o hwyl ar ddim arall, ac yr oedd yr ysgolfeistr yn methu'n glir â chael ein sylw at y gwersi. Ond yr oedd Mr. Herbert yn cydymdeimlo â'n gwendid plentynnaidd, ac yn awyddus am i ni gael gweld y Sioe.

'Os gwnewch chi eich tasgau,' meddai wrthym, 'mi gewch *holiday* pnawn dydd Iau (ninnau yn curo ein traed i arwyddo uchel gymeradwyaeth). Mi hoffwn i chi gael gweld y llewod a'r zebras a chreaduriaid eraill yr ydych wedi bod yn darllen amdanynt. Ond un peth ydyw gweld llun llew mewn llyfr, a pheth arall, pur wahanol, ydyw gweld y llew ei hun, a'i glywed yn rhuo.'

Ond yr oedd tipyn o ragfarn yn erbyn Sioe ymysg y bobl mewn oed yn y Pentre Gwyn, ac nid oeddynt yn credu y dylai plant yr Ysgol Sul ymgymysgu â phethau oedd yn perthyn i deyrnas y tywyllwch. Ond yr oedd Henry Lloyd y Crydd, ac un neu ddau arall, yn meddwl yn wahanol, ac yn dadlau dros i ni gael mynd i weld 'gwaith y Brenin Mawr'. 'Mae y Beibl,' meddai Henry Lloyd, 'yn sôn llawer am y ''llewod ieuainc'' a hen, a beth oedd yr angel hwnnw fu yn gwaredu Daniel o'r ffau ond ''dofwr llewod'' heb ei ail. Yr ydw i o blaid i'r plant gael mynd i'r Sioe; mi fydd yn rhywbeth iddyn nhw gofio am dano ar hyd eu hoes.'

Er hyn i gyd, edrych yn lled gymylog yr oedd y rhagolygon hyd ganol dydd Iau. Yr oedd y Sioe wedi pasio drwy'r Pentre i'r dre yn y plygain, a phawb, o'r braidd, wedi codi i'w gweld. Yr oedd yno beth wmbreth o gerbydau, a cheffylau, o bob maint a lliw. Yr oedd yno hefyd ddau eliffant mawr yn cerdded yn ham-ddenol, a phob un yn estyn ei drwnc, fel plât casglu, i ddisgwyl cael rhywbeth gan y bobl oedd yn sefyll yn nrysau y tai. Digwyddai fod darn o dorth yn llaw Gwen Jones. Cipiodd yr eliffant y dorth gyda blaen ei drwnc, ac mewn moment yr ydoedd wedi ei chladdu yn ei safn. Cafodd Gwen Jones y fath fraw fel y bu agos iddi lewygu, ac wedi dod ati ei hun meddai wrth Edward,

'Chei *di* ddim mynd i'r Sioe, beth bynnag. Be dae'r eliffant yn gwneud efo *chdi* yr un fath ag y gwnaeth o efo'r dorth ac yn dy dynnu di ar un tamed i'w geg?'

Ganol dydd, fodd bynnag, dyna Mr. Jones yr Ocsiwniar yn dod adref o rywle ar frys gwyllt yn ei gerbyd, ac yr oedd nifer ohonom ninnau fel arfer o'i gwmpas ac yn barod i wneud unrhyw neges. Yr wyf yn meddwl ei fod yn deall ein dolur.

'Rŵan, blant,' meddai, 'ewch adre i molchi ac i newid eich dillad, gael i chi ddwad efò fi i'r Sioe.'

Pwy a fedr ddisgrifio ein teimladau? Yr oedd addewid Mr. Jones fel pelydr o haul yn saethu drwy gwmwl ac yn goleuo y byd. Cyn pen hanner awr yr oedd pawb yn y Pentre yn gwybod fod y plant yn mynd i'r Sioe, a bod Mr. Jones yr Ocsiwniar yn dwyn yr holl draul.

'Os gwelwch chi'n dda,' meddai Gwen Jones, 'newch chi edrych ar ôl Edward, rhag iddo fo fynd yn rhy agos i'r eliffant?'

Wedi i ni gyrraedd y dre, yr oedd yno dyrfa fawr o gwmpas y Sioe. Ar y llwyfan oddi allan chwaraeai y seindorf, ac yr oedd yno ddyn mawr, gyda chwip yn ei law, yn gweiddi'n groch,

'Step up, ladies and gentlemen! Now is your time, —the performance is going to begin!'

A dyna Mr. Jones yn dringo'r grisiau, a ninnau yn ei ddilyn.

'*Count the children,*' meddai wrth y dyn mawr, ac y mae yntau yn gwneud hynny, gan gyffwrdd ein hysgwyddau efo blaen ei chwip,—*One—two—three . . . thirty in all, sir.*' '*All right. Here's the money,*' ac i mewn â ni.

'Rŵan,' ebe Mr. Jones, 'cofiwch sefyll y tu allan i'r rhaffau, a chadwch efo'ch gilydd.'

Nid wyf yn meddwl yr anghofiaf byth mo'r pum munud cyntaf yn y 'Sioe Bwystfilod'. Yr oeddem wedi ein syfrdanu. O'n blaen yr oedd celloedd lawer yn llawn o greaduriaid rhyfedd ac ofnadwy. Ac yr oedd eu rhuadau yn fyddarol, ac yn gyrru iasau o ddychryn drwy ein cnawd. Ond wedi meddiannu ein hunain ychydig, aethom oddi amgylch y *menagerie*, gan gadw'n dynn yn ymyl ein harweinydd. Edrychem ar y teigrod a'r eirth yn cerdded yn aflonydd o gwmpas eu celloedd, ac weithiau yn bygwth malu y gwiail haearn a oedd yn eu cadw rhag rhuthro arnom. Yr oedd eraill yn fwy dof a hynaws, megis y zebras a'r ewigod; eraill yn ymddangos yn gysglyd a swrth. Ond y bodau digrifaf oedd y mwncïod. Yr oeddynt yn llawn o ddireidi ac o gastiau, ond yr oedd pob un yn edrych cyn sobred â sant.

'Ydych chi ddim yn barod i symud yn eich blaenau bellach?' ebe Mr. Jones. Ond fel y dywed yr hen air, 'Peth anodd yw tynnu dyn oddi wrth ei dylwyth'.

Ond yr hyn a adawodd fwyaf o argraff arnom oedd y llewod. Yr oedd yno dri ohonynt yn yr un caets, llewod mawrion gyda mwng hir, llygaid yn fflachio tân, a rhuad fel taran. Ac eto, yr oedd y 'dyn du' yn barod i fynd i mewn atynt. Ar y gair, dyna fe'n dod ac yn sefyll ar risiau'r gell. Yr oedd gwên ar ei wyneb, fel pe byddai yn mynd i wneud y peth hawsaf erioed. Rhuai y llewod, ac yn y fan dyna'r 'dyn du' yn tanio ergyd o lawddryll. Llamodd y llewod i gonglau pellaf y gell. Aeth yntau i mewn a chau'r drws ar ei ôl. Dyna fe yn 'ffau'r llewod'. Y mae ganddo ffon yn ei law, a gwna i'r naill lew ar ôl y llall neidio drosti, ac yntau yn cadw ei lygaid arnynt yn barhaus. Dacw un ohonynt yn croch ruo ac yn ysgyrnygu ei ddannedd, ac y mae'r 'dyn du' yn tanio ergyd i'w wyneb. O, yr oeddem yn dal ein hanadl mewn braw. Ond ni ddaethai y diwedd eto. Wedi cael y tri chreadur peryglus i swatio o'i flaen, y mae'r dyn yn ymaflyd ym mwng llaes un ohonynt, yn agor ei enau â'i ddwylo, ac yn rhoddi ei ben yn llythrennol yn safn y llew!

Unwaith y gwelais hynny yn fy oes, ac nid oes arnaf eisiau ei weld drachefn. Wedi hynny taniodd ergyd arall, a thra oedd y mwg yn llenwi'r gell daeth yntau allan, a'r llewod yn rhuthro ar ei ôl. Ond yr oedd y ddôr wedi ei chau, ac yntau yn gwenu ar y dorf. Yr oedd y perfformiad drosodd, a da oedd gennym gael mynd yn ôl i'r awyr agored, a hynny yn fyw ac yn iach. Yr oeddem wedi gweld pethau rhyfedd, ond nid wyf yn meddwl y buasai yr un ohonom yn dewis mynd yno drannoeth.

Y Pentre Gwyn   *Anthropos*

MEDI

Gwenoliaid

Eisteddant yn rhes
   Ar wifren y telegraff;
Mae rhywbeth yn galw—
   Crynant, edrychant yn graff.

Dechreuant drydar,—
   Mae rhywbeth yn galw draw,
Hir yw'r chwedleua,
   A phob un a'i gyngor wrth law.

Yna cyfodant
   Bob un ar ei adain ddu,
Trônt yn yr awyr
   Uwch ben ac o gwmpas y tŷ.

Ânt yn llai ac yn llai,
   Toddant yng nglesni'r ne;
Yfory, gorffwysant
   Yn dawel yn heulwen y De!

Caniadau   *T. Gwynn Jones*

Hel Mwyar Duon

Ond o bob hel, o gaeau a chloddiau a choed, hel mwyar duon sy'n cael y flaenoriaeth. Dim ond 'myrraeth i ddifyrru'r amser ydyw hel gyda'r nos—llond piser bach neu lond tun dŵr, digon i wneud teisen i de neu bwdin pum munud i swper. Mae hel dydd Sadwrn yn wahanol a'r bwriad yn jam neu jeli—neu hyd yn oed yn win os bydd yr helfa yn un llwyddiannus a'r diwrnod yn rhoi.

Fydd dim eisio cychwyn fel mynd i hel mysrwms cyn brecwast, ond mi fydd yn werth mynd er mwyn bod i lawr yn Nhop y Gors cyn i neb arall gael blaen arnon ni. Mynd â'r piser bach a'r fasged fydd y peth gorau. Mae'r piser yn llenwi gymaint ynghynt ac fe ellir gadael y fasged ar lawr mewn lle diogel. Sŵn digalon ydyw tinc yr hanner dwsin cyntaf ar waelod y piser bach, ond fydd hi fawr o dro na fyddan nhw'n disgyn yn ddistaw a'r gwaelod wedi'i guddio.

Mae yna le fel ystafell o fieri ac adwy fach gul i fynd i mewn ac y mae parwydydd o ddrain duon yn dal y coed mwyar duon yn gylch o gwmpas y domen gerrig sy'n gwneud y llawr. 'Does dim golwg bod neb yn byw yma chwaith ond ambell bry copyn, ac y mae hi'n llawn o aroglau merfaidd mwyar duon aeddfed a Dail y Feidrol a Brenhines y Weirglodd. Well rhoi'r piser a'r fasged ar lawr er mwyn cael dwy law i hel.

Mae rhai mor aeddfed nes eu bod yn malu wrth gyffwrdd ynddyn nhw ac yn llifo yn sudd rhwng y bysedd a'u glynu yn ei gilydd. Mi fydd wyneb y fasged yn ddu loywddu ar ôl gorffen yma. Peth sâl i deulu feddu arno ydyw heliwr mwyar duon budur—rhai heb orffen duo, rhai gwyrdd hyd yn oed, rhai â chrach arnyn nhw, rhai wedi llwydo a rhai wedi crebachu, rhai â'u coesau'n sownd ynddyn nhw, ac y mae yna rai fedr fynd adre â dail a brigau ar wynebau'u basgedi. Rhan yn unig o gyd-nabyddiaeth teilyngdod fydd cael clywed ar ôl mynd adre, 'Wel mi helist yn dda', ond mi fydd y boddhad yn troi'n falchder os ceir yr atodiad, 'A rheini'n rhai neis ac yn lân'.

Fedr neb dorri cysylltiad â'i lafur ac â chynnyrch ymdrech pennau'i fysedd, a'u hanghofio ar ôl eu rhoi ar y bwrdd. Bydd y

diddordeb ynddynt yn para beth bynnag fydd eu tynged—
popty, sosban, neu bot llaeth wedi cael eu gwasgu nes eu bod yn
llwtrach piws.

A chyn mynd i gysgu heno, mi fydd y ffurf fydd wedi cael ei
serio i gof y llygaid yn ail ymddangos drosodd a throsodd y tu ôl
i amrannau caeëdig.

Blwyddyn Bentre   *Gruffudd Parry*

Medi

Y llwyni cnau yn llawnion,—afalau
    Filoedd yn fochgochion;
    Brithwyd y berth hyd y bôn
    Yn dew gan fwyar duon.

Ail Gerddi Isfoel   *Isfoel*

Helynt y Cnau

'Nedw,' medde Wmffre Pont Styllod, 'ddoi di i hel crabas yn lle mynd i'r ysgol y pnawn ma?'

Er mwyn i chi ddallt pethe, fi ydi Nedw, a nghefnder ydi Wmffre.

Adeg hel cnau a chrabas yn y Tyno oedd hi. Does ene ddim coed yn y Tyno, ond coed cnau a choed crabas. Ac ar yr adeg yma ar y flwyddyn, mae hi bron bod yn nefoedd ar y ddaear arnom ni, fel mae nhw'n canu yn y capel. Ni fase eisio dim chwaneg i'w gneud hi'n nefoedd hollol, onibae am Joseph y Titshar. Ar ganol dydd y byddwn ni'n hel cnau, a fi ac Wmffre ydi'r ddau heliwr gore. Mi ces hi'n ofnadsen gan Joseph un diwrnod, a dene pam nad ydi hel cnau a chrabas yn nefoedd hollol. Roedd y scŵl ei hun yn digwydd bod yn sâl. Mae o'n well siort na Joseph. Wedi bod yn hel yr oedd Wmffre a minne, a lot o rai erill, ac yn dwad yn ôl i'r ysgol â'n pocedi'n llawn,—dwy boced ein trowsuse, a dwy boced ein jecedi, nes oedden ni bob un yn edrych fel y peth mae nhw'n alw'n falŵn, sy â'i llun yn llyfr Standard IV. Wrth lwc, roedden ni'n ddigon buan i'r ysgol y pnawn hwnnw, ac am hynny doedd gan Joseph ddim byd i ddeyd, er ei fod o'n llygadu'n arw wrth weld y bechgyn yn dwad i mewn fel clomennod wedi hanner eu saethu, eu hadenydd nhw'n gostwng, a'u coese wedi chwyddo. Roedd o wedi'n siarsio ni o'r blaen ynghylch torri'r cnau yn yr ysgol, ac wedi deyd be fydde'r gosb. Pan oedd o heb fod yn edrych, mi fydde ene dorri mawr, a gwthio'r blisg i hinjis y ddesc, a phan fydde raid codi a gostwng y ddesc, roedd hi'n helynt. Aethom i'r ysgol y pnawn cyn yr un yr ydwi'n mynd i sôn amdano fo, yn iawn. Wedi canu dyma rannu'r slaets i ddechre sgwennu. Yn hollol sydyn mi eis i yn wyn ac yn chwys drosta i gyd.

'Edward Roberts,' medde Joseph, 'ydech chi'n sâl?'

Edward Roberts ydi f'enw iawn i wyddoch; ond fydda i ddim yn ei glywed o ond ganddo fo, a chan Jane Jones, Tyddyn Derw, pan yn mynd yno i nôl llaeth. Fedrwn i ddim deyd wrth Joseph mod i'n sâl, o achos toeddwn i ddim; a fedrwn i ddim deyd nad oeddwn i ddim, o achos roeddwn i'n teimlo fy mod i.

Mi ddeyda i chi be oedd y mater. Roedd fy mhensel i yng ngwaelod fy mhoced, o dan y cnau i gyd, a'r cnau wedi'u gwthio i mewn mor dyn fel na fedrwn i yn fy myw fynd yn agos ati hi. Fe welodd y bechgyn i gyd yn syth be oedd y mater, am nad oedd o'n ddim byd newydd; ond fedre nhw ddim cynnyg benthyg pensel i mi heb i Joseph weld. Doedd dim i'w neud ond aros fel roeddwn i,—edrych arno fo heb ddeyd dim. Meddyliodd Joseph mod i'n mynd i ffeintio, a gyrrodd fi allan i'r awyr iach. Ac allan â mi gymint fyth. Yn hynny mi fethes. Mae'n debyg fod yr hen Joseph wedi ameu ar fy ffordd o fynd allan nad oeddwn i'n rhyw ffeintlyd iawn, am fy mod wedi mynd ar ddau gam. I ffwrdd â mi i gefn yr ysgol o'r golwg, ac mi deimles fy ngore am y bensel o'r tu allan i waelod poced fy nhrowsus, nes oeddwn i'n chwys. A thuchan a chwysu roeddwn, pan ddaeth rhyw gysgod heibio i mi. Mi godes fy mhen, ac mi fu bron imi ffeintio mewn gwirionedd. Pwy oedd yn sefyll uwch fy mhen, yn gwylio pob symudiad, ond Joseph. 'Ho, dyma'r saldra,' medde fo. Gafaelodd yn fy nghlust i, a gerfydd fy nghlust yr aeth â fi i mewn. Roedd y bechgyn erill yn ofni ac yn crynu erbyn hyn. Aeth Joseph â fi at y ddesc.

'Ffeindia dy bensel,' medde fo.

'Fedrai ddim, syr,' medde finne.

'Lle mae hi?' medde fynte.

'Yng ngwaelod fy mhoced i, syr,' medde finne. Mae'n bwysig galw Joseph yn 'syr' ar adege fel hyn.

Mi bwysleisies y 'syr', er mwyn y dyfodol, fel mae nhw'n deyd. Gneud i mi dynnu'r cnau i gyd allan ddaru o, beth bynnag; ac wrth bob dyrned o gnau, roeddwn i'n cael pinsh newydd yn fy nghlust, nes fy mod i'n gweiddi, fel Jinny fy chwaer hyna, pan oedd mam yn tyllu ei chlustie hi â'r nodwydd sanne, er mwyn rhoi *ear-rings* main iddi. Dydwi ddim yn fabi fel Jinny, chwaith. Er ei gwaetha wrth geisio peidio yr oedd hi'n gweiddi, am mai hi oedd eisio'r *ear-rings*; ond wrth fy mhwyse, wedi ystyried priodoldeb y peth, roeddwn i'n gneud.

Mi wages y cnau i gyd yn y man, ond doedd yno run bensel.

'Gwaga'r boced arall,' medde fo, gan newid ei afael o'r naill glust i'r llall. Wel, doedd dim i'w neud ond gwagu'r llall, a gosod y cnau efo'r lleill ar ei ddesc o, a gweiddi fel porchell

mewn llidiard, o dan bob pinshed. Wedi eu gwagu nhw i gyd, doedd y bensel ddim yno chwaith. Wyddwn i ddim be i neud, o achos roeddwn i'n dechre gweled fod cnau'r pocedi erill, pocedi fy jeced, mewn perygl o fynd. A mynd ddaru nhw, nes bod un domen fawr o gnau ar ddesc y scŵl, ond wedi'r cwbwl doedd ene'r un bensel. Mi chwilies ac mi chwilies, a Joseph erbyn hyn yn gafael o'r tu ôl imi yn fy nwy glust. Rhois fy llaw wedyn yn y boced yr oeddwn arfer cadw mhensel ynddi hi; tynnes y boced allan, ac er fy syndod, beth oedd yn y gwaelod ond twll, a rhaid bod y bensel wedi llithro trwy hwnnw. Pan welodd Joseph y twll, gollyngodd fy nghlustie. Rhaid oedd imi ddal fy nwylo wedyn a chael dau slap, ond nid cyn iddo fethu lawer gwaith, o achos rydech chi'n gweld, naturiol iawn ydi i greadur dynnu ei law yn ôl heb yn wybod iddo'i hun, pan y mae'r ffon yn dwad i lawr, a chodi pen glin y goes sydd ar yr un ochor â'r llaw honno yr un pryd. Mae'n rhaid eu bod nhw'n gweithio ar yr un llinyn, fel coese a breichie mwnci ar bric. Pheidies i ddim â gneud hynny chwaith, nes teimlo fod dyrnod mewn pen glin yn brifo mwy na dyrnod mewn llaw. Rhaid bod y llinyn wedi torri ar ôl y dyrnod hwnnw, am na chododd fy mhen glin wedyn wrth i mi dynnu fy llaw i ffwrdd. Wedi i mi fynd i'm lle, dyma Joseph yn deyd gair wrth yr ysgol i gyd. Mae o'n fwy llym na'r scŵl. Mae nhw'n deyd ei fod o'n disgwyl cael mynd yn scŵl ei hun cyn bo hir.

'Wel,' medde fo, 'rydwi wedi deyd be fydde'r gosb os daliwn i rywun, a dyma fi wedi dal Edward Roberts.' (Roedd ganddo ryw lach arna i ers tro, rydwi'n siwr). 'Y gosb ydi i mi lenwi mhocedi efo'r cnau yma, a thaflu'r gweddill allan i'r ffordd i bawb eu pigo nhw.'

Trodd at y ddesc, llenwodd ddwy boced tu ôl ei jeced, ac wrth gerdded yn ôl a blaen yn yr ysgol y pnawn hwnnw, roedd o am y byd fel y llunie welsoch chi o ferched ers talwm iawn, pan oedden nhw'n gwisgo'r peth mae mam yn ei alw yn 'bysl'.

Bedwar o'r gloch, dyma ollwng y plant allan, a hel y baich cnau oedd ar y ddesc, a'u taflu nhw i gyd i'r ffordd, a Joseph yn sefyll yn nrws yr ysgol tan wenu, i edrych ar y bechgyn yn scramblo amdanyn nhw, a finne â mhwyse ar wal yr ysgol yn edrych,—minne hefyd yn gwenu, am fy mod i'n nabod y bechgyn yn well na Joseph. Wedi eu hel nhw i gyd, heb un ar ôl, daeth Wmffre nghefnder ata i, a phob un o'r bechgyn ar ei ôl o, a rhoisant yn ôl imi fy nghnau i gyd, gan eu gwthio i mhocedi. Codes fy mhen i edrych ar Joseph, ac mi gwelwn o yn cau'r drws, ac yn mynd i mewn i'r ysgol.

Dene'r pam fod Wmffre a minne wedi chware triwels pnawn drannoeth. Mi wyddem na feiddie Joseph neud llawer inni, am ei fod wedi gweld na châi o mo'r bechgyn o'i blaid. Ond mi fase'n well i mi fynd i'r ysgol, beth bynnag am Wmffre.

Nedw   *E. Tegla Davies*

Cneua

Aeth Wil a Siôn a minnau
  I gneua yng Nghwm Rhyd,
A gennym gwdyn enfawr
  I ddal y sgwlc i gyd.

Buom yno rhwng canghennau
  Yn casglu am ryw awr;
Disgynnai'r cnau yn wisgi
  I geg y cwdyn mawr.

Ond aeth yn herio rhyngom,
  Pa un ohonon ni
A gâi y cwlwm mwyaf,
  A dyna beth oedd sbri!

Fe waeddodd Siôn yn sydyn,
  'Hei, dyma gwlwm chwech!'
Ond O! y funud nesaf
  Disgynnodd gyda sgrech.

A diwedd yr holl helynt
  Fu dod yn ôl o'r coed
A Siôn yn hercian rhyngom,—
  Roedd wedi brifo'i droed.

Ond gwn yr awn ni eto
  I gneua lawer gwaith,
A pheidiwch chi â synnu
  Os cawn ni gwlwm saith!

Blodeugerdd y Plant   *W. Rhys Nicholas*

111

Chwarae 'Concars'

Y fath dreth ar amynedd ers llawer dydd fyddai hi i mi ddisgwyl i'r peli pigog aeddfedu ar y goeden gyferbyn â 'nghartref. Castanwydden mewn hen fynwent ydoedd honno. Ni chaed y fath foncyff praff erioed, ac yn nhymor ei blodeuo trawsffurfid yr holl goeden yn un allor fawr. Onid oedd arni gannoedd, os nad miloedd, o ganhwyllau gwyn? Ac o'r cannoedd canhwyllau hynny oni ddeuai cannoedd eto o sfferau ir i dormentio ein llygaid? Mor hir yr oedai gwynt yr hydref!

Safwn ar grib hen garreg fedd hirgul, ei llechen lwyd ar sgiw yn y glaswellt, a'r eiddew yn araf blethu ei fagl trosti, ac anelwn ambell garreg slei ar-i-fyny, jest i helpu'r gwynt! Ond ni thyciai dim nes i'r gaeafwynt ddod a thisian ei annwyd dros y goeden bryfoclyd, gan chwythu'r cyfan i lawr mewn un noson.

Yna fore trannoeth, rhedeg am-y-cyntaf i'r fan i gynaeafu'r cnwd. Ac af ar fy llw na chafodd Naomi yn y sofl ŷd fwy o gyfoeth i'w llaw nag y caem ni pan ddôi'r diwrnod hwnnw . . .

Gafael yn ofnus yn un o'r ffrwythau, fel pe bai'n golsyn poeth. Agor y plisgyn ar un holltiad, a gweld rhyfeddod cyntaf yr hydref o flaen eich llygaid: y farblen winau yn ei chrud gwyn, yn loyw lân. Gloyw, ond byth yn ddisglair. Gwaith godidog i'r fawd fyddai rhoi sglein fel sidan arni wedyn. A phen arall y gneuen, y pen agosaf at y plisgyn!—Botwm sych, lledwyn, perffaith ei siâp. Hir edmygu'r concar cyntaf hwnnw, ac ymgolli yn ei harddwch . . .

Yna sylweddoli'n sydyn bod y lleill yn gyrru ymlaen â'r gwaith ac eisoes wedi llenwi llond un bagiad! Mynd ati eich hun y munud hwnnw, fel cath i gythraul. Doedd dim terfyn ar y rhif y caech eu hel, na ffin na phendraw i faes eich cynhaeaf. Ac ni chlywais erioed am unrhyw fath o gytundeb ar ansawdd a maint penodedig y bagiau. Bagiau-blawd cotwm a fyddai gen i i'w llenwi fel rheol—y bagiau triphwys a geid bryd hynny—ac weithiau fe fyddai yna fwy o her i mi loywi fy nghnau gan bod haenen o gan gwyn trostynt.

Ac wedi'r hel, beth wedyn? Dim, am dipyn. Eu darganfod, eu casglu, a'u meddiannu. Yr oedd hynny yn ddigon ynddo'i hun am y tro. Yna, o dipyn i beth, dechrau eu pentyrru, a rhyw ymfalchïo'n ddistaw bach bod gennych chi fwy, o ran rhif ac ansawdd, na'r lleill i gyd. Dechrau trwco wedyn. Ac o'r diwedd, ymhen rhai dyddiau, bwrw ati i'w defnyddio.

Gwthio pinnau iddynt a wnaem ni ferched, a gwneud dodrefn tŷ dol ohonynt, y pinnau'n goesau ac yn ffrâm i gefn pob cadair fach. Yn dilyn wedyn fe gaech weld holl grefft y diwydiant ar ei huchelfannau, oherwydd rhaid oedd plethu enfys o edafedd gwau sbâr o gylch y fframwaith honno i wneud cefn-go-iawn i'ch cadair gron.

Ond wrth gwrs, chwarae 'concars' oedd y peth mawr a'r peth amlwg i'w wneud. Taro ergyd ar ôl ergyd ffyrnig nes cyrraedd y pwynt dirdynnol hwnnw pan fyddai eich cneuen chi'ch hun, yn ogystal â chneuen eich partner, ar fin hollti. Ac fe wyddech o'r gorau y gallai mai eich un chi a âi i ebargofiant yn gyntaf wrth ichi roddi clec farwol i'r llall. I mi, yr oedd rhyw elfen o drasiedi Rwsiaidd yn y sefyllfa honno bob tro.

Ac yna, wedi sawl wythnos ffasiynol o hyn, yn sydyn—dros nos megis—fe ddarfyddai'r hwyl, ac fe ddeuai top-a-chwip neu gylch i fuarth yr ysgol i ddisodli'r hen gnau castan. Ac fe gâi'r bagiau gwerthfawr hynny a oedd yn gwarchod, lai na mis yn ôl, drysor mwy nag aur Periw, eu diorseddu i gornel gudd yn y tŷ. Yno fe adewid i'w cynnwys sychu a chrino nes colli pob gronyn o'u marchnatwerth ar y gyfnewidfa ryngblwyfol.

Mairwen Gwynn

Glaw glaw cadw draw
Tyred eto ddydd a ddaw.
Haul haul brysia di
Tywynna'n siriol arnom ni,
Fel bo inni gael cynhaeaf
Cyn y delo Calangaeaf.

Traddodiadol

Ruth a Boas

Yr oedd gan Naomi berthynas o deulu ei gŵr, dyn cadarn, nerthol o dylwyth Elimelech o'r enw Boas.

A Ruth y Foabes a ddywedodd wrth Naomi,

'Gad i mi fynd allan i'r maes a lloffa tywysennau ar ôl yr hwn y caffwyf ffafr yn ei olwg.'

Hithau a ddywedodd wrthi,

'Ie, dos, fy merch.'

A hi a aeth, ac a loffodd yn y maes ar ôl y medelwyr. Digwyddodd wrth ddamwain fod y rhan honno o'r maes yn eiddo Boas. Ac wele, Boas a ddaeth o Bethlehem, ac a ddywedodd wrth y medelwyr,

'Yr Arglwydd a fyddo gyda chwi.'

Dywedasant hwythau wrtho ef,

'Yr Arglwydd a'th fendithio.'

Yna gofynnodd Boas i'w was, a oedd yn sefyll yn ymyl y medelwyr,

'Merch pwy yw hon?'

114

'Y llances o Moab yw hi,' atebodd y gwas, 'sydd wedi dych-welyd gyda Naomi o wlad Moab. Gofynnodd a gâi hi loffa a chasglu ymysg yr ysgubau ar ôl y medelwyr. Fe gafodd, ac mae wedi bod wrthi o'r bore hyd yn awr, heb brin funud o orffwys.'

Yna y dywedodd Boas wrth Ruth,

'Gwrando arnaf fi, fy merch. Na ddos i loffa i faes arall, ac na cherdda oddi yma; eithr aros yma gyda'm llancesau i. Gwylia pa le y bydd y dynion yn medi, a dos ar ôl y lloffwyr. Rwyf wedi rhoi gorchymyn iddynt rhag iddynt dy boeni. A phan fydd eisiau diod arnat, dos ac yf o'r llestri a lanwodd y llanciau.'

Yna hi a syrthiodd ar ei hwyneb, ac a ymgrymodd i lawr, ac meddai wrtho ef,

'Paham y cefais ffafr yn dy olwg di, fel y cymerit sylw ohonof, a minnau o wlad estron?'

Atebodd Boas,

'Mynegwyd i mi yr hyn oll a wnaethost i'th fam-yng-nghyfraith, wedi marw dy ŵr, ac fel y gadewaist dy dad a'th fam, a gwlad dy enedigaeth, a dod at bobl nad oeddit yn eu had-nabod o'r blaen. Yr Arglwydd a dalo i ti am dy waith; bydded i Arglwydd Dduw Israel, y daethost i geisio noddfa dan ei adenydd, roddi iti bob peth yr wyt yn ei haeddu.'

'Syr,' meddai hi, 'yr wyt wedi fy nghysuro i, a llefaru wrth fodd fy nghalon. Dyro i mi y ffafr o beidio â'm hystyried fel un o'th gaeth-forynion.'

Pan ddaeth hi yn amser bwyta, meddai Boas wrthi,

'Tyred yma, a bwyta o'r bara, a gwlych dy damaid yn y surwin.'

Felly hi a eisteddodd wrth ystlys y medelwyr, ac efe a estyn-nodd iddi ŷd cras, a hi a fwytaodd ac a ddigonwyd, ac a adawodd weddill. Pan gyfododd i loffa, gorchmynnodd Boas i'w weision,

'Gadewch iddi loffa ymysg yr ysgubau eu hunain, a thynn-wch beth o'r coesau iddi hi i'w lloffa, a pheidiwch â'i cheryddu.'

Felly Ruth a loffodd yn y maes hyd yr hwyr, a phan ddyrnodd hi yr hyn yr oedd hi wedi ei loffa, yr oedd ganddi bwysau effa o haidd.

Llyfr Ruth, 2, 1-17

Y Cynhaeaf

(Detholiad)

Un trem dros y maes cyn plygu cefn,
A'r fintai yn dilyn o'i ôl mewn trefn.

Ergyd a byrgam, a thusw o rawn
Pendrwm yn llithro o'i gadair lawn.

Balmaidd awelon o ddwyrain y byd
Yn sisial a chwarae ym mrig yr ŷd;

A'r haul yn fflachio ar bob gloyw lafn
Rhwng llanw toreithiog a thrai yr hafn.

Pob corff yn codi a gostwng fel bad
Rhwng tonnau melynion môr yr ystad.

Wrth reol i fyny, wrth reol i lawr,
Rhwng bargod y cnwd a'r ystodau mawr.

Ambell guwch ar ael ac ambell air garw,
Yn y llawrbant, a'r ŷd fel 'talcen tarw'.

Ymgom hoe hogi, a mydr pob rhip
Yn eco'n y pellter fel clecian chwip.

Gwaedd orfoleddus, a'r fasged fwyd
A ffedog liw'r carlwm yn brysio drwy'r glwyd.

Agor ac ysgwyd y lliain llaes
A hulio'r arlwy ar lawr y maes.

Rhoi pwys i lawr yn yr hyfryd hedd
A chanmol y llaw a fu'n darpar y wledd.

Cylch fel lloer ifanc dan haul y nen,
A mwynhau yr uwd o'r ffiolau pren.

Dadlau am gampau y naill a'r llall,
Sôn am orchestion a thrafod gwall.

Cael blas ar fygyn ar wastad y cefn
Cyn ailymhoywi a chychwyn drachefn.

Ergyd am ergyd a'r hyd yn byrhau
O gornel i gornel, a'r dydd yn hwyrhau.

Hwyl ffraeth y Pen Medi, un tusw ar ôl
Yn aros i'w dorri ar ganol y ddôl.

Ei blethu'n ofalus o'r bôn i'r pen,
A chanlloer Medi yn dringo i'r nen.

Bwrw'r bladur iddo'n eu tro mewn ffydd,
A'r pladuriwr olaf yn arwr y dydd:

A thaflu'r tusw i ganol bwrdd
Y swper fawr lle'r oedd pawb yn cwrdd.

Cerddi Alun Cilie   *Alun Jones*

Y Gaseg Fedi

Roedd y Gaseg Fedi, neu'r Gaseg Ben Fedi, yn rhan o hen chwarae'r medelwyr wrth ddod at y tusw olaf o'r ŷd yn y cae olaf oll.

Fe adewid rhyw droedfedd sgwâr o'r cae diwethaf oll heb ei dorri. Wedyn fe blethid pen y tusw hwn, ar ei sefyll, fel yr ydoedd, yn 'bleth dair'. Safai pawb wedyn ryw ddeg llath neu fwy oddi wrtho, a thaflai pob un o'r medelwyr yn eu tro eu crymanau ato, a'r sawl a'i torrai'n llwyr fyddai raid cario'r tusw i'r tŷ. Y gamp oedd taflu'r tusw hwnnw i'r ford swper heb i neb o'r merched oedd o gylch y tŷ ei weled: waeth os dôi'r merched i wybod gan bwy yr ydoedd, hanner boddid ef â dŵr!

Y Genhinen, 1915   *Fred Jones*

Yr wyt yn ymweled â'r ddaear, ac yn ei dyfrhau hi; yr ydwyt yn ei chyfoethogi hi yn ddirfawr ag afon Duw, yr hon sydd yn llawn dwfr: yr wyt yn paratoi ŷd iddynt, pan ddarperaist felly iddi.

Gan ddyfrhau ei chefnau, a gostwng ei rhychau, yr ydwyt yn ei mwydo hi â chafodau, ac yn bendithio ei chnwd hi.

Coroni yr ydwyt y flwyddyn â'th ddaioni; a'th lwybrau a ddiferant fraster.

Diferant ar borfeydd yr anialwch: a'r bryniau a ymwregysant â hyfrydwch.

Y dolydd a wisgir â defaid, a'r dyffrynnoedd a orchuddir ag ŷd; am hynny y bloeddiant, ac y canant.

Salm 65, 9-13

HYDREF

Yr Ŵyl Ddiolch

Pan ddaw'r Hydref unwaith eto bydd yr Ŵyl Ddiolchgarwch yn cerdded yr ardaloedd. Ond fel yr Hen Goleg, 'dydy'r Dydd Diolch ddim fel y buo fo amser maith yn ôl. Pan oeddem ni'n blant, yr oedd y Diolchgarwch yn beth trwm gan awyrgylch; am un diwrnod cyfan yr oedd pawb a phopeth yn wahanol i'r arfer.

Yn un peth, dydd Gŵyl oedd o: gŵyl o'r ysgol i'r plant a gŵyl o'r gwaith i'r llafurwyr. A dydd *Llun* oedd o. Ninnau'n gwisgo 'siwt *Sul*'; yn y cyfnod hwnnw nid prynu 'siwt orau' a wnâi mam inni, ond 'siwt *Sul*' bob amser. Yr oedd o'n taro'n od gwisgo siwt Sul ar ddydd Llun.

Yn ogystal â bod yn ddydd Gŵyl yr oedd y Diolchgarwch yn ddydd Teulu hefyd. 'Roedd pawb ohonom ni gartre o bob crwydro; 'roeddem ni'n mynd yn deulu tua'r capel, a dod adre'n deulu at y bwrdd.

Ar ben y cyfan yr oedd o'n ddydd Talu. Rhaid bod y casgliad yn sbesial, achos mi fyddai 'nhad yn rhoi punnoedd ar y dresal, —ac yr oedd punnoedd yn bethau prin bryd hynny. Er na chlywais i neb yn dweud y peth, eto yr oedd awyrgylch offrymu ac aberthu yn helaeth ar yr aelwyd y dydd hwnnw.

Wedyn, yn yr awyr y tu allan yr oedd naws hydref yn cyff-wrdd pob cynneddf. 'Roeddech chi'n teimlo bod yr Hen Fam Natur, ar ôl bod wrthi yn rhoi am fisoedd, bellach wedi blino'n lân. Ar y ffordd i gyfarfod y bore yr oedd aroglau gan y gwlith ar lwybr y parc, a dail crin a mes yn clecian o dan draed. Wedi cwrdd y pnawn yr oedd rhyw dawelwch arallaidd yn lapio am yr ardal, ac wrth fynd i oedfa'r nos yr oedd ias bendant yn y diwetydd.

Ac mi fyddai'r capel yn llawn. Mi fyddai mwy yn y capel y dydd Llun hwnnw nag a oedd yn ystod y Sul oedd newydd basio. Mi fyddai pawb yno—rhai na welech chi mohonyn nhw ond un waith y flwyddyn. Chwarae teg iddyn nhw. 'Roedd rhai yn llesg iawn o gorff a gwantan eu hiechyd—mi fydden hwythau wedi gwneud ymdrech galed o gerdded hir i drio cael un cwrdd ar yr Ŵyl Ddiolch. Ac mi fyddai Williams, Pantycelyn yno, yn eistedd o dan sêt y cloc. (Ar fy ngwir, yr oedd y plentyn ynof fi wedi diogel gredu mai amdano fo y byddai'r pregethwrs yn sôn, nes ffeindio, ymhen sbel wedyn, mai William Pencaemelyn oedd y dyn hwnnw o dan y cloc.)

Trwy'r dydd Diolchgarwch yr oedd yna lot o ganu a lot o weddïo o'r bore hyd yr hwyr. Yng nghyfarfod y nos mi fyddai rhywbeth arbennig iawn o gwmpas y capel: byddai'i lampau wedi'u goleuo a hynny am y tro cyntaf ar ôl y gaeaf cynt, yn siŵr gen i. Dyna lle byddai'r gwydrau'n sgleinio yn rhes ar bileri, gan daflu llewyrch melyngoch a gollwng arogl ysgafn paraffin yn y gwres cynnil; oglau Diolchgarwch oedd hwnnw. Fel y dôi tywyllwch yr hydref â barrug i lawr, gwelid cwarel y ffenestr yn magu haenen o stêm rownd y conglau.

Mewn hen Lyfr Emynau oedd gen i'n hogyn y mae nodiadau o bob rhyw, rhai perthnasol a rhai llwyr annefosiynol. Mae sgribl o soned Gwenallt yno: 'Ni chlywa'r crioedd dynol yn ein stryd . . .'; mae llun tu ôl pen a het Megan, Bontfechan yno; mae darn o broblem Archimedes yno am 'area of block immersed = x-20. A sq. cms.' Ond o degwch i'r addolwr pan-theistig hwn, y mae yn y Llyfr Emynau gannoedd o enwau pregethwyr a'u testunau. Ac am un flwyddyn y mae cyfrif o bawb gymerodd ran trwy'r Dydd Diolchgarwch.

Cyfarfod y Bore: Richard Pritchard, Bryndu; Josiah Jones, Tŷ'n Giât; Gwilym Jones, Maen-y-wern. Y Pnawn: Jeremiah Williams—('nhad oedd o); William Jones, Maen-y-wern; Morris Richards, Tir Bach. Ac yn nghwrdd y Nos mae cofnod yn ogystal am yr emynau a ganwyd: Owen Rowlands, Tyddyn Sianel—'Molwn Di, O Dduw ein tadau'; a 'Tydi sy'n deilwng oll o'm cân'; Tom Parry Elias, Llythyrdy—'Ynot, Arglwydd, gorfoleddwn'; Charles Gruffydd, Talarfor—'Rhagluniaeth fawr y nef'; Charles Roberts, Brittania—'Anfeidrol Dduw Rhagluniaeth'; Evan Elias,—'Arhosaf yng nghysgod fy Nuw'.

Nid oes odid un ohonyn nhw yn aros erbyn heddiw. Ond fe arhosodd rhywbeth ar eu holau trwy bob Gŵyl Ddiolch; mi gofiaf ar ddiwedd y Dydd fel y byddem ni, blant, yn cyrraedd adre a theimlo fod Rhywun Mawr iawn wrth lyw y Gread-igaeth, a bod digon o fwyd inni am un gaeaf arall. Ac felly hefyd y bu. Ac y bydd, mi daeraf, gan ddiolch yn fawr iawn.

Esgyrn Eira   *Robin Williams*

Ha' Bach Mihangel

I fyny'r dyffryn fe'i gwelais yn dod
Mor debyg i'r haf ag y gallai fod,

Gan ddiog hamddena'n yr haul ar y rhiw,
A'r tes yn chwarae ar ei wisgoedd lliw.

Guto yn llewys ei grys ar y das
A'r gwyddau'n rhodianna'n y soflydd cras.

Ni ddaeth i feddwl neb yn y byd
Fod dim ond hawddgarwch dan ei gochl clyd,

Nes clywed y cynydd â'i dalihô
Yna galw'i fytheiaid i goed y fro.

Cerddi Alun Cilie   *Alun Jones*

124

Gwneud Barcud

'Plîs oes gynnoch chi eisan yma?'

'Oes, be wyt ti am neud?'

'Gneud barcud.'

Mae hi'n talu i fod yn ddarbodus—cadw dy afrad erbyn dy raid—a 'does eisio gwneud dim byd ar ôl cael yr eisan ond mynd i estyn dwy o'r weiars ambarél gafodd eu cadw y diwrnod braf hwnnw o haf pan fuon ni yn chwarae bwa saeth. Eu clymu ben-ben ar draws un pen i'r eisan nes eu bod ar siâp croes a thynnu'r ddau ben wrth ddau linyn yn mynd yn big i waelod y ffrâm. Darn arall o linyn o gongol i gongol i gryfhau ei gefn a dyna'r ffrâm yn barod i roi'r papur arni—y papur llwyd cryfaf fydd ar gael a phast blawd peilliad wedi ei daenu'n ofalus efo hen frws paent.

Mi fydd yn ddigon buan i roi ei ffrwyn yn ei lle ac i wneud ei gynffon ar ôl cinio wedi iddo sychu, a chyn mynd â fo yr ochr ucha i'r capel i gyfarfod y gwynt. Mae'r dalennau papur fydd yn gwneud darn uchaf ei gynffon wedi eu plygu yn barod, ac fe fydd y darnau o sidan y cyfar ambarél yn barod i'w hychwanegu yn ôl fel y bydd y galw.

Mi aeth i fyny ar ei union. Yr oedd yna bethau technegol y bu yn rhaid talu sylw iddyn nhw—symud ei ffrwyn yn uwch i fyny er mwyn iddo fo beidio â phlycio, a rhoi mwy o bwysau ar ei gynffon er mwyn iddo lonyddu—ond erbyn hyn mae o'n llonydd yn yr entrychion, bron hyd y lein i fyny ac yn sweuo hi'n fawreddog osgeiddig. Arwydd arall ei fod o'n farcud da ydyw'r ffaith ei fod o'n cario ei lein yn syth fel bwled ac nid ar hanner tro mawr fel siâp cynffon buwch yn rhedeg o flaen Robin Gyrrwr.

Blwyddyn Bentre   *Gruffudd Parry*

125

Chwipio Top

Rhoi ceiniog am dop cyfliw'r cudyll
   A phegwn dur siampion o stwff,
Ystwythgoes o gyll Gelli Dywyll,
   A slas wydn o hen ledar bwff.

Â phapur o seithliw yr enfys
   Arwisgwn ei gorun yn gawr,
Ei chwyldroi'n ucheldrem mor fedrus,
   A'i nydd-droi yn chwil i'r ffordd fawr.

Hedlamai ar ogwydd a chleciai,
   A'r chwip arno'n clepian—clip, clip;
Ei gorun cymysgliw gordeddai,
   A'i su gynganeddai—chwip, chwip.

Ymglymai'r slas hir am fy nghlustiau,
   Ai'r meinflaen i'm llygad—clip, clip;
'Doedd hwn ddim ond un o fil triciau
   Rhwng topiau a chwipiau—chwip, chwip.

Telyn Eryri　　　　　　　　　　　　　　　　　*G. W. Francis*

Chwarae Marblis

Chwarae marblis gyda sglent y byddid pan oeddwn yn fychan. Darn o lechen denau oedd sglent. Rhoddid marblen yr un gan y chwaraewyr mewn cylch ar y ffordd (ac yr oedd heddwch ar y ffordd y pryd hynny). Sefid ychydig lathenni i ffwrdd, y chwaraewyr i benderfynu'r pellter, a lluchid y sglent at y marblis. Os llwyddid i luchio'r marblis allan o'r cylch, yna cadwai'r enillydd y marblis. Os na luchiai dim ond un, cadwai honno. Wedyn, rhoddid dwy yr un i mewn, etc. Yn lle defnyddio sglent, byddid hefyd yn defnyddio togo—sef marblen fawr wydr o wahanol liwiau, i hitio'r marblis allan. Yr oedd yn anos eu cael allan efo thogo nag efo sglent, ac yr oedd gan fechgyn fantais, gan eu bod yn gallu sodro neu daro'r togo yn well na genethod. Ond daeth newid, aeth y marblis cylch allan o fod a daeth marblis twll yn eu lle. Yn lle cylch, byddai twll ar y ffordd, sefid bellter i ffwrdd, a cheisid lluchio'r farblen i mewn i'r twll. Os nad âi i mewn ar y tro cyntaf, gellid myned ati, a cheisio ei chael, nid trwy ei lluchio, eithr gyda'r bys wedi ei hitio yn y bawd yn gyntaf, neu ei lluchio i mewn drwy ei hitio gyda'r togo. Y cyntaf i gael ei farblen i mewn ar y tro cyntaf a enillai'r marblis. Chwarae cybyddion oedd chwarae marblis, neu chwarae pobl yn gwneud arian. Byddai'r rhan fwyaf o'r plant yn dechrau'r tymor gyda gwerth dimai, rhyw hanner dwsin i fyny i ddeg o farblis, glân newydd. Byddai'r lleill yn dechrau efo chydaid o'r tymor cynta. Yn y gobaith o ennill, byddem yn gwneud warpaig, sef bag o ryw hen ddefnydd y caem afael arno, a llinyn crychu i gau ei geg. Ar ddiwedd tymor byddai gan rai lond warpaig fawr o farblis, a choleddai hwynt yn hollol yr un fath ag y coleddai cybydd ei bres.

Y Lôn Wen   *Kate Roberts*

Jim y *Matches*

Yr oedd llygad Mr. Pugh ar dwr o blant oedd yn chware marblis yng ngwaelod y buarth, ac yn taeru ac yn gweiddi nerth eu pennau. Gwaeddai un ar dop ei lais, *'Clein! clein! clein!'* Gwaeddai un arall, *'No back my trick!'*, ac yr oeddynt wedi ymgolli cymaint yn y chware fel na ddarfu iddynt sylwi ar ein dyfodiad atynt nes i rywun—ni wyddem pwy—chwibanu o'r tu ôl i ni, yr hyn a barodd iddynt oll godi eu pennau.

'No styr byw rŵan,' ebe Mr. Pugh, gan ddefnyddio un o'u termau hwy eu hunain. Ond nid cynt yr agorodd efe ei enau nag y crafangodd y bechgyn yn eu marblis, gan ddiflannu fel pe buasai y ddaear wedi eu llyncu, oddigerth un bachgen, a edrychai yn ein hwynebau yn hollol ddieuog a hunanfeddiannol; ac wedi cyfrif ei eiddo marblyddol, gan gymryd i ystyriaeth yn ddiamau yr ennill a'r golled, fe'i rhoddodd yn hamddenol yn ei boced lydan.

Yr oedd golwg ddiddorol ar y bachgen hwn. Yr oedd yn fychan a thenau o gorffolaeth, a'i wyneb yn llwyd a budr. Nid yn hawdd y gallesid dyfalu beth oedd ei oedran. Wrth ddal i syllu arno meddyliwn weithiau ei fod yn hen; bryd arall ei fod yn ieuanc iawn. A barnu oddi wrth ei ddillad, gallaswn dybied ei fod unwaith wedi bod yn hen iawn ac wedi newid ei feddwl a mynd yn ieuanc yn ôl, ond fod ei ddillad wedi gwrthod ei ddilyn yn ei gyfnewidiadau, canys yr oeddynt yn awr yn rhy fawr iddo o lawer. Yr oedd ei lodrau yn gwneud i ffwrdd â'r angenrheidrwydd am wasgod, gan eu bod bron yn cyffwrdd â'i ên, ac yn cael eu dal i fyny gan un fresen, yr hyn oedd yn rhoddi golwg unochrog arno braidd. Yr oedd ei gôb mor fawr fel y gallasai, pe buasai angenrheidrwydd yn galw am hynny, ymguddio yn hawdd yn un o'i phocedau . . .

Synnwyd fi braidd gan ddull Mr. Pugh o ymddiddan ag ef.

'Wel, 'y ngwas i, pa faint o *farbles* sy gen' ti?'

'Dwy *daw*, dwy *stony*, a *scram*; ac mi fase gen' i ddwy *scram* arall dase Twm Hughes heb chetio.'

'Ac mi ddaru Twm Hughes dy chetio di, do?'

'Do; mae o wastad yn chetio.'

'Wyt ti ddim yn meddwl fod chetio yn ddrwg, 'y machgen i?'

'Wel ydi, debyg, ac mi ddaw chêts i'r gole hefyd,' ebe'r bachgen, gan ddyfynnu un o wirebau ieuenctid.

'Fyddi *di* yn chetio weithie, 'y ngwas i?'

Ar ôl peth petruster atebodd, 'Wel—bydda—weithie; mae pawb yn chetio weithie, ddyliwn.'

'Wyt ti ddim yn meddwl fod chware *marbles* ar y Sul yn ddrwg?'

'Nac ydi, os gwnewch chi beidio chetio,' oedd yr ateb.

'O ydi, 'machgen i,' ebe Mr. Pugh, 'plant drwg sydd yn chware *marbles* ar y Sul; ac yr wyt yn gwybod p'le mae plant drwg yn mynd, on'd wyt ti?'

'I ardd Mr. Phillips i ddwyn fale, ond fydda i byth yn mynd,' oedd yr ateb diniwed.

Y Dreflan   *Daniel Owen*

Gornest Galed

Bu plwyfi Llandyssul a Llanwenog yn cicio pel droed am y goreu dydd Nadolig diweddaf. Yr oeddent wedi bod yn paratoi am fisoedd, a daeth cannoedd yng nghyd i edrych arnynt. O anfodd nhad yr es i yno, ac fe ballodd yn un gwedd â gadael i Siencyn fyned. Hen greadur pengam ofnadwy yw nhad, ac yr wyf yn meddwl ei fod yn mynd yn fwy pengam bob dydd. Y mae bron fy hala i ddweyd geiriau cas wrtho ambell dro. Nid oes dim yn iawn yn ei olwg ond y peth y mae'r Beibl a Lewis, Dinas Cerdin, yn ei ddweyd. Yr oedd llawer wedi macsu yn barod erbyn y bêl droed, a myned â bwyd a diod gyda hwynt yno; a dyna redeg a chicio, a sŵn a gwaeddi oedd yno. Un ochr yn ennill 'nawr, a'r llall bryd arall; ond Llandyssul oedd yn cario fynychaf. Rhoddwyd heibio chwareu am awr hanner dydd, i gael bara a chaws a chwrw, a phob un mor llawen â'r gog. Yn fuan wedi dechreu chwareu y prydnawn, aethant i gwympo maes â'i gilydd, a rhegu, a throedio ei gilydd. Yr oedd rhai o honynt wedi meddwi, a'r lleill wedi yfed gormod, ac yr oedd golwg ofnadwy arnynt yn curo ei gilydd; a'r merched yn rhedeg a 'sgrechian, ac yn ceisio achub eu brodyr a'u cyfeillion; ond waeth beth wnelai neb, ymladd ym mlaen yr oeddynt fel *bulldogs*. Yr wyf yn meddwl iddynt fod wrthi am awr, nes i wŷr Llanwenog orfod cilio. Yr oedd Evan Bwlch Gwyn wedi yfed ar y mwyaf i amddiffyn ei hun, a chawsai hanner ei ladd oni buasai i Sioned ei chwaer a finnau ei lusgo oddi yno. Fe wedwyd fod un bachgen o Lanwenog wedi ei ladd, ac fe fu'n farw am dro, ond daeth ato ei hun, ac y mae wedi gwella. Cafodd Twm Penddôl ei gicio yn lled ddrwg o blegid ei fod yn rhy feddw i ofalu am dano ei hun. Llawer o siarad sydd am y frwydr ym mhob man, ac y mae'r ddau blwyf yn bygwth myned yng nghyd â hi eto, gyda ffyn, ryw amser yn yr haf. Maent yn dweyd fod bechgyn Llan-wenog yn rhai cethin gyda'r pastwn. Yr oedd Siencyn ni ar swper y nos hono'n dweyd, 'Diolch i chwi, nhad, am fy stopio i fyned yno. Mae fy nghroen yn gyfan a'm pen yn iach yn awr'. Yr oedd yn gas genyf ei glywed. Y mae Siencyn yn ormod o hen wlanen o lawer. Buasai yn dda genyf fod yn fachgen yn ei le i gael ymladd dros y plwyf. Fe rows Sali Blaen y Cwm eitha' grasfa i fachgen o Lanwenog. Yr oedd yn ei daro â'i dwrn nes oedd ei waed yn pistyllo bob ergyd. Bu Mr. Lewis, y gweinidog, yn gweyd yn hallt iawn am y peth yn Pant y Creuddyn ar ol hyny, ac yn llefain fel babi yr un pryd, a nhad a mam, a'r hen bobl, yn llefain gydag ef; ac y maent wedi bod yn cadw cyrddau gweddio yno droion ar ôl hynny i weddïo dros y bobl ifainc; ond nid wyf yn gweled y bobl ifainc un mymryn yn well ar ol iddynt weddïo drostynt.

Rhaid i mi derfynu bellach. Y mae wythnos er pan ddechreuais ysgrifenu y llythyr hwn, ac yr wyf yn ofni y byddwch yn dweyd wrth ei ddarllen, fy mod yn myned yn ddwlach o un tro i'r llall.

Eich serchus chwaer,

Anna Beynon

Llythyrau Anna Beynon   *Dewi Emlyn*

Sioni Wynwns

Pwy sydd bob hydre'n dod drachefn
O ddrws i ddrws, yn ôl eu trefn
A'i raffau'n hongian ar ei gefn?
      Sioni Wynwns.

Pwy sy'n trafaelu trwy'r holl sir,
Pob tref a phentref yn y tir
Trwy fisoedd oer y gaeaf hir?
      Sioni Wynwns.

Pwy sydd o hyd yn gwisgo 'tam',
A'i iaith yn od a'i drwyn yn gam,
A phwy sy'n galw 'ti' ar mam?
      Sioni Wynwns.

Ac wedi curo mynych ddôr
Nes gwerthu popeth o'i ystôr,
Pwy sy'n dychwelyd dros y môr?
      Sioni Wynwns.

Llyfrau Darllen Newydd   *Dic Jones*

Celts *v.* Cybi Wanderers

Dyma chdi, medda Moi. Mi fydd pawb yn meddwl bod ni wedi talu am ddwad i mewn rŵan.

Dowch inni gael mynd rownd i'r ochor acw, wrth Rafon, medda Moi. Mae yna lai o bobol a mwy o le'n fan acw, a mae Jos Plisman Newydd yn dwad i fyny.

Dew, dyna ichi driblar da ydy Wil Cae Terfyn, medda Huw ar ôl inni gael lle ar ganol lein ar ochor Rafon i cae.

A mi fasa'n werth ichi weld Wil Cae Terfyn hefyd yn gneud rings rownd hogia Cybi Wanderers. Ar ôl cael pas o ochor chwith neu ochor dde, oedd Wil yn rhedag i lawr cae efo'r bêl, a honno run fath â tasa hi wedi cael ei chlymu efo lastig wrth ei draed o. Wedyn, pan oedd o'n dwad at un o hogia Cybi Wanderers, oedd o'n stopio'n stond, a'r bêl yn stopio o'i flaen o. Wedyn oedd o'n dawnsio am dipyn bach bob ochor i'r bêl a'r boi Cybi yn ei watsiad o fel cath yn gwatsiad llgodan. A cyn iddo fo wybod lle oedd o, oedd Wil Cae Terfyn wedi tapio'r bêl rhwng ei goesa fo efo blaen ei droed a rhedag rownd iddo fo, a gadael boi Cybi ar ei din yn y mwd. Wedyn oedd Wil yn mynd yn syth trwy'r lleill fel cyllath trwy fenyn nes oedd o yn ymyl gôl Cybi.

Mae nhw'n deud bod Everton ac Aston Villa wedi treio cael Wil Cae Terfyn, medda Huw pan oedd Wil yn ei gweu hi am gôl Cybi.

Chân nhw mono fo, wsti, medda Moi. Mae well gen Wil aros efo Celts.

Gôl! medda ni ill tri ar dopia'n llais pan sgoriodd Wil y gôl gynta. Oedd Wil wedi saethu'r bêl i'r rhwyd, a dyna lle oedd golcipar Cybi ar ei fol yn y mwd, â'i draed i fyny, a'i freichia fo allan run fath â tasa fo'n treio cyrraedd yr holl ffordd i Lôn Bost. A'r bobol i gyd ar y lein yn gweiddi a dawnsio fel petha o'u coua, a hogia Celts i gyd yn rhedag at Wil i ysgwyd llaw efo fo a rhoid eu breichia amdano fo a chwalu'i wallt o. A'r ryffarî â'i bib yn ei geg yn rhedag yn ôl i ganol cae.

Dyna i ti ryffarî da ydy Titsh, medda Moi.

Titsh oeddan ni'n ei alw fo am mai dyn bychan bach oedd o, a

133

mop o wallt cyrls du gynno fo. Pan oedd o'n rhedag yn olagym-
laen rhwng yr hogia, a gwyro i lawr i watsiad y bêl, â'i bib yn ei
geg, oedd o'n edrach yn llai na Bob Bach Pen Clawdd, hwnnw
fyddan ni'n bryfocio am ei fod o'r un hyd a'r un lled a fynta'n
ddeugian oed. A doedd Titsh, pan oedd o'n sefyll i fyny, ddim
yn cyrraedd dim ond at bennaglinia Wil Robaits, golcipar
Celts. Dew, un tal oedd hwnnw.

Ritchie Huws Pen Garnadd ddaru sgorio'r ail i Celts, dest
cyn diwadd hannar cynta'r gêm. Oedd Ritchie a'i ddau frawd,
Albert a Llywelyn, yn perthyn i tîm Celts. Dew, tri chwaraewr
da oeddan nhw hefyd. Ond Ritchie oedd y gora o'r tri. Oedd
gynno fo gic mul yn ei droed chwith, a honno ddaru Ritchie
sgorio oedd y gôl ora welais i rioed. Oedd o'n rhedag i lawr
ochor chwith Celts ar ben ei hun efo'r bêl, dest wrth ymyl lle
oeddan ni'n sefyll ac yn gweiddi Cym on the Celts. A phan oedd
o newydd groesi lein ganol, ac yn mynd fel fflamia heibio inni,
dyma fo'n cymryd shot. A'r bêl yn fflio trwy'r awyr a'i gneud hi
am gornal bella gôl Cybi, dest o dan y crosbar, a golcipar
Cybi'n fflio o pen arall â'i freichia i fyny i dreio'i safio hi.

Drosodd aeth hi, medda Moi.

Naci, myn diawl, gôl, medda Huw.

Gôl, medda finna ar dop fy llais, a Titsh yn chwibanu'i bib, a pawb wedyn yn gweiddi Gôl ar dop ei lais. A dyma Titsh yn chwibanu'i bib wedyn, yn hirach, i ddeud bod hi'n haff-taim.

Ni bia'r gwpan, medda Huw, pan oeddan ni wedi cerddad at ochor Rafon ac yn lluchio cerrig i Rafon i ladd amsar.

Paid â bod rhy siŵr, medda Moi. Mae'r cae'n fwd i gyd, a hogia Celts wedi blino. A mi fyddan yn chwara'n erbyn y gwynt rŵan, a'r haul yn eu llgada nhw hefyd.

A dyma Titsh yn chwibanu'i bib, a ninna'n mynd yn ôl at y lein.

Ffowl, medda Moi ar dop ei lais, newydd i'r gêm ailddechra. Dyna iti gythraul budur.

Un o hogia Cybi oedd wedi baglu Wil Cae Terfyn o'r tu nôl, nes oedd hwnnw'n sglefrio ar ei fol yn y mwd am tua pedair llath. A ddaru Titsh ddim cymryd dim sylw o'r peth, na chwibanu'i bib na dim, dim ond chwifio'i law i ddeud wrth yr hogia am fynd yn eu blaena a chwara. Ond oedd y bobol rownd y cae i gyd fel petha o'u coua, a lot ohonyn nhw'n rhegi ac yn diawlio a galw Titsh yn bob matha o enwa. A Bleddyn Ifans a criw oedd efo fo yn dadla'n ffyrnig ar y lein hefo Jos Plisman Newydd.

A cyn bod y twrw wedi gorffan, dyma ryw un llais bach yn gweiddi o rywla: Gôl! Ac erbyn inni edrach, dyna lle oedd y bêl yn gôl Celts a Wil Robaits ar ei hyd yn y mwd. Oedd pawb yn ddistaw am hir iawn wedyn.

Tw-wan, medda Huw. Iesu, gobeithio na chân nhw ddim gôl arall.

Ond rhwng y mwd a'r baglu a'r pwnio, mynd yn fwy budur oedd y gêm, a Titsh yn chwibanu'i bib am ffowl o hyd. Ac oedd hi'n anodd gwybod pwy oedd Celts hefo crysa coch a pwy oedd Cybi Wanderers efo crysa melyn, achos oedd yr hogia'n fwd o'u penna i'w sodla, a wedi colli'u lliwia. Ag oedd hogia Cybi'n pwyso o hyd, a'r bêl yn dal yn ymyl gôl Celts ar hyd yr adag, a Wil Robaits yn ei waith yn ei dyrnu hi allan o hyd, a'i freichia fo fel melin wynt. A golcipar Cybi'n gneud dim byd ond cerddad yn olagymlaen a rhwbio'i ddwylo a'i goesa i gadw'n gynnas, am nad oedd gynno fo ddim byd i neud.

Oedd Wil Robaits wedi dyrnu'r bêl allan dair gwaith efo'i ddau ddwrn efo'i gilydd, a pawb yn gweiddi Go dda, Wil, a Cym on the Celts. Ac yn sydyn, dyma Titsh yn chwibanu'i bib a rhywun yn gweiddi Gôl! A dyna lle oedd y bêl wedi stopio yn y mwd ar lein gôl Celts a'r hogia i gyd rownd Titsh yn taeru fel fflamia. Ond rhedag yn ei gwman i'r lein ganol â'i bib yn ei geg ddaru'r ryffarî, a'r hogia'n rhedag ar ei ôl o a dal i daeru, a'r bobol ar y lein yn gweiddi fel petha o'u coua.

Doedd hi ddim yn gôl, hogia, medda Huw.

Dw inna ddim yn meddwl chwaith.

Na finna chwaith.

Ond yr un oedd fwya o'i go oedd Wil Robaits Gôl. Dyna lle oedd o, a'i wynab o'n goch, yn cerddad yn olagymlaen a dyrnu'r awyr, a dangos y bêl yn y mwd ar lein gôl i'r bobol oedd o'i gwmpas o.

Yn sydyn, dyma Wil Robaits yn eistadd i lawr yn y mwd wrth y postyn a rhoid ei ben yn ei ddwylo fel tasa fo eisio crio. A wedyn dyma fo'n codi a dechra carlamu fel fflamia i ganol cae, lle oedd yr hogia eraill yn dal i daeru hefo'r ryffarî.

A cyn i neb wybod be oedd yn digwydd, dyma Wil Robaits yn gafael yng ngwar Titsh hefo'i ddwy law a'i godi o oddiar ei draed a troi rownd a'i gario fo felly yn ôl at gôl Celts, a traed Titsh yn cicio'r awyr o dano fo, run fath â tasa fo'n reidio beic.

Pan ddaru Wil Robaits a Titsh gyrraedd y gôl dyma Wil yn ei roid o i lawr a pwyntio at y bêl yn y mwd ar y lein a taeru hefo fo. Ond dal i daeru'n ôl oedd Titsh. A dyma Wil yn gafael ynddo fo wedyn a pwyso'i ben o i lawr nes oedd ei drwyn o yn y mwd wrth ymyl y bêl.

Wnei di goelio rŵan ta, y cythraul gwirion, medda Wil wrtho fo.

Mi aeth petha'n draed moch wedyn.

Mi redodd lot o bobol oedd ar y lein i ganol cae a dechra taeru yn fanno hefo hogia Cybi, a rhai ohonyn nhw'n dechra rhedag at gôl Celts, i dreio cael gafael ar Titsh, ac am hannar ei ladd o. Ond oedd Tad Wil Bach Plisman a Jos Plisman Newydd yno o'u blaena nhw a wedi rhoid Titsh rhyngthyn nhw ac yn deud wrth y bobol am gadw draw. Ond welais i rioed bobol wedi gwylltio cymaint.

Un Nos Ola Leuad   *Caradog Prichard*

Tîm Pencaenewydd

Ond fe fûm innau'n aelod o dîm Cymreig rhyfeddol—tîm Pen-caenewydd, pentre yn Eifionydd a dim ond ugain o dai ynddo.

Tua therfyn y rhyfel (yr ail, nid y cyntaf) fe ailgodwyd hen gynghrair i glybiau bach Gwyrfai a Llŷn ac Eifionydd a phender-fynodd dau neu dri ohonom y buasai Pencaenewydd yn medru hel un pâr ar ddeg o goesau o rywle ar gyfer yr ysgarmesoedd. Ac fe wnaed y wyrth. Bechgyn lleol, a rhai o'r bechgyn, fel fi, heb gicio pêl ers deng mlynedd a mwy oedd yr aelodau, ynghyd â dau garcharor rhyfel o'r Eidal a weithiai ar ffarm ar gwr y pentre. Yr oedd un—Saninetta, wedi chwarae ar lefel broffesiynol yn ei wlad ei hun, ond y gweddill heb fawr fedr neu wedi colli hynny o fedr a fu.

Yr oedd yna ddwy broblem. Yr oedd yn rhaid cael maes ac yr oedd yn rhaid cael dillad pêl droed. Ni bu'r maes yn broblem. Rhoddodd Dafydd Watkin, ffarmwr Caenewydd ar gwr y pentre fenthyg cae gwastad eang ar fin y ffordd i ni am ddim. Yn wir dyna'r maes gorau o ddigon yn y gynghrair. Ond yr oedd yn amhosibl benthyg na phrynu'r crysau yn y dyddiau hynny. Felly, penderfynwyd eu creu. Cafwyd gafael ar ddeg hen sach blawd peilliad. Yr oedd y geiriau BLAWD CAER ymysg addurniadau eraill arnynt. Llwyddwyd i wynnu'r sachau nes dileu'r enwau, ac yna eu lliwio yn goch. Pa liw arall a allasai clwb Pencaenewydd ei ddewis?

Fe wnaed y gwaith yn ddigon taclus gan ferched y pentre a'u troi yn grysau pêl droed. Mater i bob aelod oedd cael gafael ar lodrau a sanau ac esgidiau—er mai esgidiau hoelion mawr fyddai gan un neu ddau er mawr fraw a gofid i wrthwynebwyr gochelgar.

Ni bu sicrhau postiau gôl yn ormod o broblem ychwaith. Yr oedd yna ddau weithdy coed yn dal yn agored yn y pentre. Yn wir cofiaf lond y lôn o brentisiaid yn dod i'r gweithdai yma ar eu beics o bentrefi cyfagos yn y boreuau, ac yn y gwanwyn byddai'r lle'n llawn o shiafins a blawd lli a chribiniau bach a phladuriau yn barod am y cynhaeaf gwair. Erbyn hyn yr oedd y gweithdai'n ddigon tawel, ond yr oedd y peiriannau a'r llif fawr a'r olwyn ddŵr yno'n barod o hyd. Yr oedd gennym ninnau William Owen a oedd yn saer coed, yn y tîm.

Cafwyd coed pîn o blanhigfa Roger Williams Ellis (nai Clough

Williams Ellis) yn Glasfryn am eu torri a'u cario i'r pentre. Fe'u llif-
iwyd yn bostiau a lle i osod trawsbost arnynt ac fe'u codwyd yn y
maes.

Ond doedd hyn ddim yn ddigon. Yr oeddym am groesawu'r
ymwelwyr trwy ddarparu bwyd iddynt ar ôl y gêm. A'r unig le i
wneud hynny oedd yn festri'r Capel—y capel lle priodwyd Lloyd
George. Ac, wrth gwrs, yr oedd yn rhaid cael benthyg llestri bwyd y
capel, na ddeuai o'u cuddfan ond ar adeg te parti.

Bu rhai ohonom mor anonest â mynychu'r Ysgol Sul am wyth-
nosau cyn gwneud cais i'r saint am y festri a'r llestri—a chafwyd y
naill a'r llall.

Yr oedd problem y bwyd mor syml â phroblem y gwaith coed.
Roedd gennym fab i fwtsiar wedi ei benodi'n gôl-geidwad—Wil
Gordon o'r Ffôr, mab Morus Bwtsiar. 'Doedd gan ei dad ddim
diddordeb mewn pêl droed; os rhywbeth roedd yn erbyn. Nid
na fedrai yntau droi'n dipyn o sportsman ar brydiau. Unwaith
fe aeth â milgi oedd ganddo i rasus milgwn a drefnwyd ym
Mhwllheli. 'Doedd yna ddim rhyw lawer o sglein ar y gweith-
rediadau ac yr oedd y trefniadau i lusgo darn o hen regsyn i olwg
y milgwn a'i gadw o'u blaenau hyd derfyn y ras braidd yn
gyntefig. Ond fe weithiodd—fwy na heb. Pob un yn dal ei filgi
nes i'r regsyn fynd heibio a dod i olwg y cŵn; wedyn pawb yn
gollwng ei gi ac yn gweiddi 'hys'. Cychwynnodd y creadur yn
olreit ond wedi mynd rhyw ugain llath fe stopiodd yn stond i
wneud ei fusnes cyn trotian yn ei ôl at Morus. Os cafodd ci ei
ddamnio erioed . . .

Na, 'doedd Morus ddim yn help uniongyrchol i'r clwb.
Byddai Wil yn cuddio darnau o gig, ac yn arbennig esgyrn ac
ychydig arnynt o olwg ei dad ac yn dod â nhw mewn cwdyn i
Bencaenewydd ar fore Sadwrn pan fyddai'r tîm yn chwarae
adref. Yna byddai'r merched wrthi hi yn y festri yn cynnau tân
mawr, yn plicio tatw, yn glanhau rwdins a moron a bresych a
ddeuai o gaeau'r ffermydd ac yn gwneud llond crochan o'r lobs-
cows gorau yn y byd erbyn y byddai'r gêm drosodd.

Ni oedd y tîm mwya poblogaidd o filltiroedd yn yr holl
gynghrair. Nid yn unig byddai pawb yn ein curo ond byddai'r
wledd ar ôl yn werth y daith hyd yn oed pe collid y dydd.

Annwyl Gyfeillion   *John Roberts Williams*

Y Menig Bocso

Ond o sôn am fenig bocso, y mae un stori arall parthed fy nghysylltiad damweiniol i â'r hen ymladdwyr o'r dyddiau gynt y rhaid ei hadrodd eto cyn darfod â hwy, a byw byth wedyn yn ddyn heddychol! 'R oedd Ffair Llansewyl Glamai ar fin tynnu ei hanadl olaf y cof cyntaf sydd gennyf i, a Ffair Tri Mochyn Tanllychau hithau, heb ddim ar ôl ond ei henw coffadwriaethol. Ond yr oedd Ffair Llansewyl Hydre, yr hen ffair gyflogi, yn un o ddyddiau mawr y flwyddyn i holl ardaloedd Blaenau Cothi, — o Frechfa hyd Graig Dwrch ac o dop Esgerdawe i gefen Llansadwrn. Fe'i cynhelid ar y trydydd ar hugain o Hydref, — dydd ymlad Brwydr Agincourt yn 1413, gyda llaw (dyna fel y cofiwn i'r dyddiad hwnnw bob amser). Ond rhoddwyd arbenigrwydd ar y dyddiad hwn yn y flwyddyn 1907 gan frwydr arall, — heb ei recordio mewn llyfr hyd y funud hon. Ac fel hyn y bu hi, rhag i'r byd fod yn hwy mewn tywyllwch:

Pan aeth Dafydd Cwmcoedifor a fi lawr i bentre Llansewyl rywbryd gyda'r nos yma, 'r oedd rhialtwch y ffair ar ei anterth, — organ bres y ceffylau bach, y siglau, y bwth saethu, Dai'r Ordd ys gwetson ni, bloedd y stondingau lliwgar, a chwircs y clown hercog a'i gap ar ochr ei gern o flaen y Black Lion, — a'r dorf fawr hithau, yn hen ac ifanc, yn ymroi i'r miri a'r hwyl na chaent ei debyg eto nes gweld blwyddyn arall o waith caled.

Ond yr oedd un peth newydd yn y ffair hon nas gwelwyd yno erioed o'r blaen, — na byth ar ôl hynny hyd y gwn i, — *boxing booth*. Ac ar lwyfan dyrchafedig yn ffrynt hwnnw yr oedd cynhulliad lliwgar o frawdoliaeth y dyrnau, ryw chwech neu saith ohonynt, yn amrywio mewn maint o'r Bantam i'r Rhode Island Red. 'R oedd ôl y frwydr yn amlwg ar ambell un, — trwyn fflat a chlustiau fflatach . . .

Aethom ein dau ymlaen yn ddigon hyderus at y bwth paffio a newid barn â'n gilydd am 'gilwg anfad', ys dywed Edmwd Prys, rhyw un neu ddau o'r glewion ar y llwyfan; ac fe'n dilynwyd at y lle gan nifer eraill erbyn hyn, cydnabod i ni, rai ohonynt. 'Wn i ddim a welodd y frawdoliaeth graff ar y llwyfan ryw belydryn o obaith ynom ni'n dau, a pheth argoel fod y nos

ddigon tywyll iddynt hwy, hyd hynny, er y goleuadau llachar
o'u cwmpas, ar gilio ai peidio. Fodd bynnag, heb i mi wybod
dim, dyma bâr o fenig boliog yn disgyn, fflop, yn ôl yr hen
draddodiad, yn fy mynwes i, a llais cryglyd rhywun a fuasai'n
bloeddio'n hir yn y gwynt yn crio, *'Here you are, boyo, take them
gloves and jump in to git yerself warm'* . . .

Dechreuodd y rownd gyntaf. Ac yn 'y ngwir i chi, 'r own i'n
bocso fy ngwrthwynebwr, stacan bach bywiog rywbeth o'r un
maint â mi fy hun, yn weddol rwydd o gwmpas y ring, gan gloi a
gwrthateb pob mosiwn o'r eiddo yn ddigon glew, a'i gael ar y
rhaffau hefyd, unwaith neu ddwy, heb olygu hynny'n bendant

140

o gwbl,—ond drwy chwarae'r gêm yn gwbl fonheddig fel y ceisiwn i wneud bob amser gyda'm ffrindiau. Teimlwn, beth bynnag, fy mod i'n llawer iawn cryfach nag ef, ac mor chwim ag yntau bob tipyn ar fy nhraed gan nad beth am fy nwylo. (Nid oeddwn i'n sylweddoli fod ganddo ef fantais arnaf mewn llygaid.) Ni wn i hyd heddi, beth a ddigwyddodd . . . ond teimlwn fy mod i'n bocso fel dyn ysbrydoledig, dyn heb brin blaen troed iddo'n cwrdd â'r ddaear hon,—fel Boyo Driscoll gynt, a welais wrthi lawer gwaith. Fodd bynnag i chi, cyn bod y rownd hanner drosodd dyma res o'r frawdoliaeth yn ysgwyd eu pennau a'u dyrnau tuag ataf dros y rhaffau ac yn fy mygwth yn ffyrnig mewn lleisiau croch. Ond ymlaen yr euthum â'r gwaith yn hwyliog a di-atal heb fod gennyf amser i synied beth a geisient ei weiddi arnaf. Eithr pan oedd cloch y rownd gyntaf honno *yn* mynd, os nad oedd hi, yn wir, *wedi* mynd, dyma i fi yn iaith y Rhondda 'uffarn o glatsien' nes 'y mod i'n gweld sêr mawr, gwyrddion, yn araf rowlio o 'mlaen i . . .

Mi focsiais yr ail a'r drydedd rownd, y rhif arferol, orau byth y gallwn, rhag bod ar y cywilydd o flaen y gwyddfodolion; ond nid yn hollol gydag ynni ac asbri y rownd gyntaf, rhaid cyfaddef. Ac os ŷch chi yn y man a'r lle mi gefais eto yr un ergyd syfrdan yn union yn yr un man, dan fy llygad de, ar ddiwedd yr ail rownd, ac ar ddiwedd y drydedd, ag a gawswn yn y gyntaf! 'R oedd fy ngwrthwynebwr yn hen law ar y grefft, yn gwybod ac yn deall y triciau i gyd, a'i lygad fel barcud a rhaid ei fod wedi gweld twll yn fy amddiffyniad i, ac iddo wylio'i gyfle dair gwaith yn olynol i'm dal i,—a thalu yn ôl i mi, gyda llog, am fy ngor-eiddgarwch i yn ei wasgu i gornel yn y rownd gyntaf.

Yn Chwech ar Hugain Oed   *D. J. Williams*

TACHWEDD

Tachwedd

Yr oedd storm gyntaf Tachwedd yn llibindio'r coed a'r adeiladau. Lluchiai'r glaw yn erbyn y ffenestri a byrlymu'n ffosydd ar hyd y buarth, a'r gwynt yn gweiddi fel peth cynddeiriog heibio i'r corneli a rhwng y cyrn. Siglai'r ffynidwydd hirion ôl a blaen yn erbyn hynny a welid o'r awyr, ambell un ohonynt ar eu traed am y noson olaf, a'r carped nodwyddau odanynt yn prysur doddi'n gramen o laid. Yr oedd pob drws a ffenest ar eu heithaf yn ceisio ymryddhau o'u colynnau, a chlec a gwich a rhygniad yn troi'r twllwch yn arswyd. Am ddim a wyddai neb, damwain oedd fod Lleifior yn dal ar ei draed.

Yn Ôl i Leifior   *Islwyn Ffowc Elis*

Noson Lawen

Prin oedd cyfleusterau difyrrwch ar hirnos aeaf, ond cedwid 'Noson Lawen' yn aml—pob amaethdy yn ei dro. Deuai'r cyfeillion ynghyd, a byddai'r telynor wedi dyfod yn gynnar yn y prynhawn. Yn fynych byddai rhai o'r gwahoddedigion yn dyfod o gryn bellter ac felly ni allent ddyfod yn gynnar iawn.

Wedi cael pawb ynghyd, tarawai'r telynor un o'r hen geinciau, a dechreuai rhywun ganu. Yna, ar ôl gorffen ei bennill, canai'r nesaf ato bennill o'r un hyd, ac felly ymlaen nes dyfod at y sawl a ddechreuodd . . .

Byddai rhaid cael dawnsio, ac yn sŵn y delyn byddai'r ieuanc wrthi â'u holl egni, a'r gwragedd yn brysur weu hosanau.

Rhaid oedd trafod holl newyddion y fro, ac yna wedi iddi hwyrhau, neu yn hytrach yn gynnar yn y bore, byddai rhywun yn adrodd am ryw ysbryd . . . Byddai cryn lawer o ddadlau ynglŷn â'r stori, ond yr oedd pawb yn coelio ac yn tystio yn bendant fod bwganod yn bod ymhob rhith.

Bywyd Cymdeithasol Cymru yn y Ddeunawfed Ganrif   *R. W. Jones*

Sŵn Traed

Aiff Mam â'r llestri glân gyda hi ar yr hambwrdd, ac arhosaf finnau ar ôl i ddiffodd lampau'r sgyleri a'r gegin a dyhuddo tân y gegin dros y nos rhag ofn i'r dŵr rewi yn y silyndr. Temtasiwn i ni bob amser ydi rhedeg ar wib hyd y coridor, ac os y gwnawn ni hynny a chael ein dal mi fydd yn goblyn o row. Ond mae'n rhyfedd fel y medrwch chi ddŵad dros ryw anawsterau fel yna weithiau, a darganfyddais i ei bod yn hollol bosib cael walap dda ar hyd y coridor yn berffaith ddistaw, dim ond i chi redeg ar flaenau'ch traed a chymryd y mymryn lleiaf o sgid wrth ddwad â'r blaentroed i lawr bob tro. Mae'r leino corcyn sydd ar lawr y coridor mor dew a meddal ac yn ateb y diben i'r dim. Ac felly yr af rŵan, fel yr awel, yn gynt nag erioed o'r blaen mae'n siŵr gen i, ond rhaid imi ofalu am arafu wrth waelod y grisiau cefn ac wrth nesáu at yr housekeeper's room, ac wedyn cerdded yn hamddenol i mewn.

'Ydach chi'n meddwl mewn difri bod yna wirionedd yn y straeon yma, Jerry Williams?' clywaf William Pierce yn gofyn i Nhad.

'Wel, mi welais i amser pan oeddwn i'n amharod iawn i wrando ar ryw hen godl oedd pobol yn ddeud. Ond erbyn hyn—tydw i ddim mor siŵr,' medd Nhad.

Eisteddaf i lawr a gafael yn y *Funny Wonder* a chymryd arnaf nad oes gennyf ddim mymryn o ddiddordeb yn y drafodaeth. Mae Mam wedi gosod y bwrdd at y bore, yn eistedd wrth y tân ac yn hel ei gweu at ei gilydd.

'Neno'r tad,' medd William Pierce, braidd yn fflat, gan edrych yn galed i wyneb Nhad, yntau'n edrych yn syn i'r tân. 'Ydi'n iawn imi ofyn i chi beth sy'n peri ichi beidio bod mor siŵr erbyn hyn?'

Mae'n amlwg nad yw Nhad ddim yn eiddgar iawn i ddweud ei resymau dros neu yn erbyn rhywbeth, ond dyma fo'n dweud,

'Fy mhrofiad i fy hun yn yr hen blas sy wedi fy siglo fi, William Pierce.'

'Wel chlywais i rotsiwn beth! Welsoch chi'r ysbryd felly?'

'Wel—naddo, welais i mohono fo, ond mi gefais i ryw brofiad

rhyfedd yno. Mae o'n beth hollol anesboniadwy i mi beth bynnag.'

O'r diwedd dyma fi ar fin cael clywed stori am ysbryd y Plas Hen! Rhaid imi beidio ysgwyd, nac anadlu hyd yn oed, na gwneud dim a allai dynnu sylw Nhad ac iddo yntau gael y syniad yn ei ben ei bod yn amser i mi fynd i'r gwely. Mae o rŵan yn eistedd yn ôl ac yn plethu ei ddwylo ac yn edrych ymhell, bell.

'Mi wyddoch, William Pierce, fel mae hi wedi bod yn arferiad gan deulu'r plas i fynd i ffwrdd am ryw chwech wythnos o wylia bob blwyddyn—hynny'n digwydd yn rheolaidd ddiwedd Medi a'r cyfan o fis Hydref. I Gapel Curig mae nhw wedi bod yn mynd ers blynyddoedd ddyliwn, a phan fydden nhw'n mynd felly mi fyddai'r bwtlar a'r sioffar ac amryw eraill o'r staff yn mynd efo nhw. Wel, y flwyddyn ddiwethaf, y cynllun oedd mynd i ffwrdd am y tro olaf am byth o blas Gwynfryn, aros am y chwech wythnos arferol yn y Capel Curig, wedyn dŵad adre—nid i'r Gwynfryn, ond i'r Plas Hen, a dechrau byw yno, yn derfynol. Mi fu'r gwaith o ddarparu'r Plas Hen ar gyfer y digwyddiad mawr yn mynd ymlaen trwy'r ha, fel y gwyddoch chi'n iawn. Mi atgyweiriwyd yr hen dŷ yn llwyr o'i dop i'w waelod. Sistem ddŵr-poeth a dŵr-oer newydd danlli trwyddo fo i gyd, Dafydd Rees a John Pugh a Tomi wnaeth y gwaith hwnnw. Walker a'i griw o'r West Wales yn gneud y gwaith trydan—ail weirio'r lle i gyd. Owain Rowlands yn gosod gratia newydd, trwsio pob man o'r tu mewn ac o'r tu allan. 'Roedd y lle'n berwi o seiri meini, seiri coed, plastwyr, plymars, peintars—welsoch chi mo'r fath beth erioed!

'Wel, tua dechra mis Hydref 'roedd y prif waith trwy'r tŷ i gyd wedi ei gwblhau'n o dda. Ond mi deimlais i yr adeg honno wrth neud fy syms ryw noson, na fyddai'r peintars ddim yn debyg o orffen eu gwaith yn ddigon buan—yn ôl fel 'roedd pethau'n mynd. 'Roedd gofyn gosod y carpedi newydd, a'r holl ddodrefn newydd yn eu llefydd erbyn y dydd y byddai'r teulu'n dŵad adre. Ac mi 'roedd yna lawer o fân bethau'n dal y peintars yn ôl—pethau fel ffitings trydan, rêls cyrtan, rêls ffrîs, ambell arcitref ac ambell sgertin yma ac acw heb eu gosod. A Robin

Penybont a finna wrthi hi fel tae ni'n lladd nadrodd ac yn methu'n lân â chyrraedd glan.

'Wel i chi, beth wnes i, ond penderfynu gweithio amser dros ben, a hynny yn y bore yn hytrach nag yn y nos. Felly y bu hi—codi am dri o'r gloch y bore a dechrau gweithio am bedwar, mynd adra am frecwast tuag wyth o'r gloch, wedyn yn ôl at fy ngwaith tua naw. Mi weithiodd hynny'n ardderchog iawn, mi orffennwyd y gwaith i gyd yn daclus ac mewn digon o bryd.

'Rŵan, y bore tan sylw, 'roeddwn i wedi cyrraedd at y plas am bedwar o'r gloch, 'roedd yn dywyll fel y fagddu siŵr iawn. Hen injan betrol bach oedd yn cynhyrchu trydan yno'r amser honno—'doedd y gwaith newydd yn y Tŷ Criw ddim wedi 'i orffen wrth gwrs. Y peth cynta fyddwn i'n neud bob bore oedd mynd i gwt yr injan bach a'i chychwyn hi er mwyn imi gael golau. Mynd i mewn i'r plas trwy ddrws y servants' hall, cloi'r drws ar fy ôl, gadael y golau yno a mynd ymlaen tua'r gegin ar hyd y coridor, taro'r golau wrth waelod y grisiau cefn, wedyn yn ôl i'r servants' hall i ddiffodd y golau yno, ac felly 'mlaen o'r naill olau i'r llall nes cyrraedd y lle'r oeddwn i'n gweithio.

'Y bore yma 'roeddwn i'n gweithio yn y llofft ganol wrth ben grisiau'r ffrynt. Rhoi sbel reit galed arni tan nes yr oedd tua chwech o'r gloch, pan oeddwn i'n penlinio ar y llawr yn mesur hyd o sgertin. Pan fyddwch chi'n mesur mi fyddwch yn ber-ffaith ddistaw, ac am-wn-i nad oeddwn i'n cofio siars Taid ers talwm—''Mesur ganwaith a thorri unwaith, machgian i.'' Beth bynnag, yn y distawrwydd hwnnw mi gefais fy synnu o glywed, ym mhellafoedd y tŷ, sŵn drws y servants' hall yn agor, a rhywun yn cerdded yn drwm ar hyd y llawr coed, ac wedyn yn dŵad ar hyd y llawr teils yn y coridor tua'r gegin. Y peth cynta ddaeth i'm meddwl i oedd fy mod i wedi anghofio cloi'r drws ar fy ôl, a bod hynny'n beth od ar y naw—mi awn ar fy llw mod i wedi cloi.

'Mi glywn y sŵn traed yn dŵad tua gwaelod y grisiau cefn, a dyfalu'r oeddwn i pa ffordd gymerai'r dyn wedyn, 'roedd ganddo fo bedwar dewis, ond i fyny'r grisiau cefn yr aeth o. Wrth wrando ar y sŵn traed yn dringo'r grisiau mi gefais fy hun yn dyfalu wedyn pa ffordd a gymera fo wedi cyrraedd y landing, mi allai droi i'r dde a dŵad ymlaen at y lle 'roeddwn i, neu i fyny i'r atics, neu mi allai droi i'r chwith a mynd draw i'r llofftydd cefn, uwchben y servants' hall. Wel, i'r chwith yr aeth o, mi clywais o'n cerdded cyn belled â'r llofft bellaf, ac yn aros yno. Distawrwydd. Ac mi ddaeth i'm meddwl i fod y peintars hefyd, fel finnau, wedi dŵad i weithio'n fore, o achos yn y llofft honno 'roedden nhw'n cadw'u storfa baent, a dyna'r pryd yr edrych-ais i faint o'r gloch oedd hi.

''Roeddwn i'n barod rŵan i ddechrau llifio a gwneud twrw eto, ac mi aeth y digwyddiad o'm meddwl i wrth weithio mlaen tan nes oedd yn tynnu am wyth o'r gloch, a finnau rŵan wedi dŵad i ben y dalar oedd gen i ar y pryd. Mi eis i lawr tua storfa'r peintars i gael gweld p'un ohonyn nhw oedd wedi dŵad mor gynnar, a chael sgwrs bach cyn imi 'i chychwyn hi am adre. 'Doedd yno neb yn y stôr. Mi eis wedyn o gwmpas y gwahanol lefydd lle 'roedd y peintars yn gweithio'r dyddia hynny—'roedd yn dyddio rŵan—ond 'doedd yno 'run creadur byw ar gyfyl y plas ond fi. Mi eis i lawr wedyn am y servants' hall—'roedd y drws yng nghlo yn olreit i chi. Mi eis ar draws yr iard wedyn am y gweithdy, i aros i'r criw ddŵad am wyth o'r gloch. Erbyn hyn 'roeddwn i'n dechrau hel meddyliau—wedi clywed cymaint o hen lol am y lle—ac ofn cael fy ngwneud yn ffŵl yn fwy na dim. Mi gefais fy hun yn tybio y gallai sŵn dŵr yn y peipiau, fel water-hammer neu rywbeth felly fod wedi fy ngham-arwain. Ond pa fwya meddyliwn i am y peth sicraf yn y byd oeddwn i mai sŵn traed dyn glywais i.

'Wrth reswm mi allasai rhywun fod wedi cerdded i mewn pe tasai'r drws heb ei gloi, ac wedi mynd allan trwy ryw ffordd arall wedi iddo fo gloi'r drws oddi mewn, ond mi fethais i'n lân â gweld unrhyw ffordd y gallai neb fod wedi mynd allan heb adael ei ôl, ac mi 'roedd y drws yng nglo a'r goriad yr ochr i mewn yn anodd iawn i'w sbonio. Mi benderfynais na ddwedwn i air am y peth wrth neb, 'doedd gen i ddim llawer o awydd rhoi cyfle i neb gael hwyl am fy mhen i efo peth felly.

'Toc, mi ddaeth Owain Rowlands a'r criw at eu gwaith; mewn deng munud 'roedd yno ddigon o sŵn traed ym mhob twll a chornel o'r lle. Mi arhosais nes cael gweld y peintars yn cyrraedd, a dyma Huwcyn Ellis a'i giang yntau'n dŵad ar eu beics fel arfer, wedyn—mi eis adre am frecwast.'

'Neno'r tad,' medd William Pierce, gan edrych ar Nhad ychydig bach yn dosturiol.

'Ond 'tydi'r stori ddim yn darfod yn y fan yna,' medd Nhad.

'O?' medd William Pierce. 'Felly wir ionadd i!'

Pigau'r Sêr   *J. G. Williams*

Nos Galan Gaea

Ladi wen
Ar ben bob pren.

Nos Galan-gaua'
Bwbwach ar bob camfa.

Nos G'lan gaua'
Twco 'fala.

Hwch ddu gwta
Ar ben pob camfa,
Yn nyddu a chardio
Bob nos G'lan gaua'.

Nos G'lan gaua'
Ar ben pob camfa,
Hwch ddu gwta
Gipio yr ola'.

Traddodiadol

Mae sôn am Wrach y Rhibyn,
Y Tylwyth Teg a'r Goblin,
A sôn am ysbryd Mari Mwm
Yn dilyn Twm Penderyn.

Hen Bennill

Robin goch ddaeth at yr hiniog,
A'i ddwy aden yn anwydog;
A dywedai mor ysmala,
'Mae hi'n oer, fe ddaw yn eira.'

Ni buasai rhaid i'r eira gwyn
   Ar dir y Glyn mo'r glynu,
Gallasai fynd i fwrw ei luwch
   I fannau yn uwch i fyny.
Amla' man y bydd o ar ben
   Yr Wyddfa wen yng Nghymru.

Hen Benillion

Mi af oddi yma i'r Hafod Lom,
   Er bod yn drom fy siwrne;
Mi gaf yno ganu cainc,
   Ac eiste ar fainc y simne;
Ac ond odid dyna'r fan
   Y byddaf tan y bore.

Hen Bennill

Bara a chaws, bara a chaws
Os ca'i beth, mi neidia,
Os na cha'i ddim, mi beidia.

Dega Dega, dowch i'r drws,
A rhowch i gennad y meirw.

Rhanna? rhanna! Dydd gŵyl eneidie,
Rhan i nhad am drwsio'm sgidie,
Rhan i mam am glytio'm sane,
Rhan i'r plant sy'n aros gartre.

Traddodiadol

Noson Tân Gwyllt

Tachwedd ydi'r amser pan fydd y flwyddyn
Yn dod i afael y gaeaf,
Ond mi fyddwn ni am fynnu, am dipyn,
Bod ein byd mor loyw â'r haf.
Ac mi fyddwn ni'n codi coelcerth
Mor anferth ag y medrwn ni
A'i rhoi hi, fel llygedyn o haul,
Yn wyneb y tywyllwch, a byddwn ni
Yn ceisio gwirioni'r düwch a'i wneud yn araul.

Bydd darn o'r nos yn llosgi
A melynion yn llamu i'r awyr
Yn llwyni gwyllt o oleuni
Cyn cael eu llyncu'n llwyr
Gan ellyllon y tywyllwch.
Dyma ein coelcerth ni.

Yna daw'n amser
Taflu pupur i wyneb y nos:
Fe hyllt y du gan dân gwyllt.
Tanio un nes ei fod yn swisian
O wreichion ac yna'n troi'n rhos
Gloywgoch a brwmstan.

Tân, a rhoced yn ffisian yno
Yn chwap dan do'r awyr,
Yna'n sblasio'n gesair disglair
Ac yn haleliwia o liwiau.

Ac ar y llawr mae yna dân yn cael sterics,
Yn cynddeiriogi'n las gloyw a gwyrdd
Cyn tisian yn gerddorfa drydan
O oleuni.

Acw mae coeden decnicylyr
Ac arni glychau melyn
A barrug arianwyn.

Gloywderau acw'n ffrwtian,
Yna'n ffrwydro'n filoedd o sêr gwyrdd
Ac yn fyrdd o oleuni,
Cawod hefyd o oleuadau a lliwiau.

Troi, troi -oi -oi -oi
Olwyn Catrin wen yn whiw whiw whiwian
Gwreichion arian, arian.

Papur glas yn mud, mud losgi,
Rhibedu wedyn ar i fyny,
Clec ac yna'r awyr yn troi'n Nadolig
A thuswau o flodau llachar yn datod ar hyd y nos.

Chwrligwgan yn styryffaglio
A sgleinio'i ffordd yn droellau
Ar i fyny, a bathdy wedyn yn byrstio
Ac yn tollti ceiniogau newydd am ben y tywyllwch.

Siwrwd o oleuni
A rhaeadr dew o aur
Fel hufen yn glygio glygio
O gorff y Gannwyll Rufeinig.
Tân yn troi'n lloerig ac, yn siŵr,
Yn ceisio bihafio yn union fel dŵr!

Pistyll gwyn yn dringo
A mynd yn batj i'r tywyllwch,
Clatj enbyd
Ac o'r ergyd
Pobman yn sêr a llwch o loywderau.

Ac yna, ar ôl y gwibio,
Y crensian godidog o oleuni,
Y lluwch mawr o liwiau
'Does yna ddim yn aros
Ar ôl o'n hymdrech â'r nos
Ac â'r gaeaf ond düwch
A diffodd a thywyllwch.
Ond nes daw eto'r haf yn ôl
Mi fydd ein cof ni'n sgleinio
Gan hwyl y noson honno.

Croesi'r Traeth   *Gwyn Thomas*

Hen Ffeiriau

Ceir cyfeiriadau mynych at ffeiriau'r dyddiau gynt. Weith-
iau argreffid posteri mawrion i gyhoeddi'r ffair, ac ar y poster
enwau'r porthmyn a fyddai'n bresennol . . . Pwy oedd y 'Cyfaill'
tybed a aeth i'r draul o argraffu dau gant o bosteri yn Nhach-
wedd 1851 ynglŷn â Ffair Ceinewydd? Nid yw ei enw ar gael.
Dyma'r poster:

NEWYDD DA

Symud Ffair gyflogi y Cei Newydd o lwybr Pengeulan i
Heol yr Eglwys (Church-street). Weision a morynion, o
bell ac agos, os mynnwch gyfarfod â llawer o ffermwyr
mwyaf cyfrifol ein gwlad o'r Nantymawr i'r Morfa Mawr,
o lan môr Ceinewydd i lan Teifi, cofiwch fod ar yr heol
uchod yn brydlon ar y 12fed o Dachwedd, 1851. O'r Star
Inn hyd lan y môr cewch ddigon o le a chysgod rhag y
gwynt a'r glaw os bydd eisiau. Ni chaiff neb mwy achos i
gwyno am le cyfleus i gynnal y Ffair uchod.—Cyfaill.

. . . I mi, yn grwtyn, Ffair Gwsberins Llanddewi Brefi oedd
adeg dechrau a diwedd popeth, ac er i mi fod ar dro mewn ffair
ym Mharis, yn Llundain, yn Glasgow ac yn Ffair Rhos, ni
welais ddim eto a allai gymharu â stondin Bridi, coconut Lyfel,
y lampau pres hongiedig, y losin sticlyd, y whit geiniog, y roc
amryliw, y twmler gwsberins, y spanis du a'r 'ginger bread'; ie,
y sŵn a'r ffŷs a'r cwbl o fewn yr hen sgwâr. Yr oedd tai ar dair
ochr a gwal yr hen fynwent yn ffurfio'r bedwaredd ochr i'r
sgwâr, ond nid oedd neb yn cofio bod yr oes a fu yn yr ymyl. Na,
nid oes un ffair fel ffair plentyn.

Gemau o Bant a Bryn   *D. J. Morgan*

155

Bwrw Ergyd

Yr oedd y bobl erbyn hyn yn tynnu tua'r cae ffair, ac aeth Daniel yntau gyda'r llu. Yr oedd pob un yn y ffair yn ceisio tynnu sylw at ei nwydd ei hun, ac ar y dechrau yr oedd y seiniau yn ddigon i fyddaru dyn; ond o ymgynefino â hwy gellid dadrys y seiniau a'r bloeddiadau. Gan ei bod yn dechrau twllu goleuid y lle gan oleuadau naptha a'r fflamau noeth yn cael eu chwythu hwnt ac yma gan yr awelig oedd yn dod dros y cae ffair. Gwelid plant, a rhai mewn oed o ran hynny, yn mynd oddi amgylch gan chwistrellu dŵr o ryw boteli metel bychain—o'u gwasgu deuai ffrwd fain o ddŵr allan, a cheisient anelu'r dŵr at wegil pobl. Prynodd Daniel un er mwyn bod yn y ffasiwn, a rhoddes hi yn ei boced.

Yng nghanol y ffair, lle y gwelid ef o bobman, yr oedd polyn tal, a chloch ar ben hwnnw. Yr oedd y polyn wedi ei farcio â rhifedi gan ddechrau yn y gwaelod gydag 1 a mynd i fyny hyd 1000 yn ymyl y gloch. Y gamp oedd taro â morthwyl mawr ddarn o bren ar y gwaelod a hwnnw'n gyrru darn o haearn i fyny ar hyd y polyn i ganu'r gloch, hynny yw, fe ganai'r gloch os byddai rhywun â digon o nerth i yrru'r haearn i ben y polyn. Bob hyn a hyn clywid y gloch yn canu gan gyhoeddi bod rhywun wedi llwyddo.

'Dewch ymlaen,' meddai'r dyn wrth y polyn, '*try your strength*; ceiniog y tro, a dim i'w dalu am ganu'r gloch. *Try your strength.*'

Aeth Daniel ymlaen a chydiodd yn y morthwyl; cododd ef i fyny a'r dyrfa 'n dal ei hanadl fel y byddai bob tro yr oedd rhywun ar daro. Disgynnodd y morthwyl ac aeth yr haearn i fyny i 750,—dyna i gyd. '*Well tried, sir; well tried, sir*,' ebe'r dyn 'un cynnig eto.'

Talodd Daniel ei geiniog ac aeth ymaith, ac wrth fynd clywai'r dyn yn gweiddi 'O-hoi, o-hoi!' i dynnu sylw at ymdrech rhywun arall. Troes ei olwg yn ôl a phwy a welai yn mynd i gydio yn y morthwyl ond Elis, gwas pennaf Rhedynog. Yr oedd Elis mor sicr o'i nerth fel yr oedd am gydio yn y morthwyl ag un llaw yn unig. Mwynhâi'r dyrfa rywbeth fel hyn, ac ychydig o'r tu ôl yr oedd Marged y Ddôl yn edrych ar ei gwron â llygaid llawn o edmygedd. Pan oedd Elis yn mynd i daro cofiodd Daniel am y chwistrell yn ei boced, a meddyliodd ei bod yn werth rhoi cynnig ar y peth; felly pan oedd y gwas pennaf ar fedr dwyn y morthwyl i lawr â holl nerth ei fraich dyna bigiad ar ei wegil a dŵr oer yn ffrydio rhwng ei grys a'i groen. Ergyd lletchwith oedd yr ergyd: disgynnodd y morthwyl ar ymyl y pren ac yna aeth yr ergyd ar oledd gan daro'r dyn oedd yn gofalu am y polyn. Gan ei boen dyna hwnnw ar unwaith yn rhedeg at Elis ac yn rhoddi iddo'r fath ddyrnod nes ei gwympo, oherwydd yr oedd Elis wedi troi i edrych pwy oedd achos ei gywilydd. Yn y cythrwfl ciliodd Daniel Jones, a llawenydd iddo oedd gweld dau blisman tal yn cyfeirio at y lle.

Sgweier Hafila   *T. Hughes Jones*

Gwern a helyg
Hyd Nadolig,

Bedw, os cair
Hyd Ŵyl Fair,

Cringoed caeau
O hynny hyd Glamai,

Briwydd y frân
O hynny ymlân.

Traddodiadol

RHAGFYR

Y Dolig a'i Deulu

'Wel wir, mi fydd yn dda gweld y Dolig 'ma drosodd!' Sawl gwaith y clywsoch chi'r frawddeg yna'n ddiweddar? Gyda'r addewid yma'n dilyn: 'Os ca'i weld Dolig arall fydd 'na ddim hannar y rhuthro gwirion yma yn tŷ ni'. Ond fel y dêl Rhagfyr arall ar ei rownd mae'r Nadolig yn dod gyda'r un hen gyfaredd bob tro. Yr un rhuthro gwyllt, yr un gwario mawr, yr un paratoi prysur a'r un edrych ymlaen. Eleni eto, fe ddaw'r carolau i'r gwynt, mi fydd llosgi ar y canhwyllau lliw, mi fydd trimio efo celyn coch a phostio cardiau wrth y dwsinau.

Ond fuoch chi'n meddwl pam hyn oll? Dathlu geni'r Crist, debyg iawn. Wel ia—ond pam trimio? A pham canu carolau? O ble y daeth y pethau yma i'r Ŵyl? Pam y canhwyllau a'r celyn a'r cardiau ac ati?

Ar y cychwyn, Gŵyl baganaidd oedd yr hyn 'rydan ni'n ei alw yn Nadolig, ac yr oedd yr Ŵyl honno ar fynd ymhell cyn geni'r Baban ym Methlem Jiwda. 'Roedd pobol wedi sylwi, ar ôl i'r haf gilio, bod y dydd yn byrhau, byrhau; bod yr haul fel tasa fo'n mynd ymhellach ac yn oeri; ac mai'r dydd byrraf i'r haul dywynnu, os tywynnu o gwbwl, oedd y 25ain o Ragfyr. (Erbyn hyn, y dydd byrraf ydi'r 21ain o Ragfyr. Mi fu rhyw bobol yn newid y Calendar rai canrifoedd yn ôl . . . ond stori arall ydi honno.) Felly, rhag ofn i rywbeth ddigwydd i'r Goleuni a'r Gwres, fe aeth y paganiaid ati ar y 25ain o Ragfyr i ddathlu; cynnau coelcerthi mawr er mwyn i'r fflamau gynhesu'r haul, a chadw'i nerth o, i wneud yn siŵr o gael gwanwyn a haf arall.

Rhyw dafliad yn ôl i hynny ydi llosgi'r canhwyllau o gwmpas y Nadolig. Yr un ffasiwn beth ydi'r Gannwyll sydd ar allor yr Eglwys yn ogystal—sumbol o'r Goleuni nas diffoddir byth.

Helynt efo duw'r Haul sydd y tu ôl i'r uchelwydd hefyd, y *mistletoe*. Yn ôl y chwedl, enw duw'r Haul oedd Balder, ac fe ofalodd y duwiau na châi neb beri dolur i dduw mor bwysig â Balder. A beth wnaethon nhw ond gosod swyn ar bopeth ar y ddaear. Mi ofalwyd na fedrai'r dŵr mo'i foddi, na'r gwenwyn ei ladd, na saeth o'r un pren ei drywanu. Ond, rywsut neu'i gilydd, fe anghofiodd y duwiau bob peth am yr uchelwydd, a 'roddwyd mo'r swyn ar hwnnw. Pan ffeindiodd Loki, duw'r Drygau, y llithriad, fe naddodd saeth allan o gangen yr uchel-wydd, a chyda honno fe glwyfodd Balder, duw'r Haul yn ei fynwes. Fe adferwyd Balder gan y duwiau eraill, ac fe wnaed i bren yr uchelwydd addo na byddai ei gangen yn brifo neb o hynny ymlaen. Byth wedyn fe ddaeth y *mistletoe* yn sumbol o gariad at bawb,—a dyna pam y mae cymaint o gusanu yn digwydd heddiw o dan yr uchelwydd, fel petai.

Dyna'r Goeden Nadolig wedyn. Pam *Coeden* Nadolig? Y chwedl amdani hi ydi fod sant yn cerdded trwy fforest yn yr Almaen un noson farugog o Ragfyr ar ei daith i bregethu, a beth welodd o ond mintai o baganiaid ar fin gwneud aberth o fachgen bach wrth goeden dderw. Mi dorrodd y sant y goeden i'r llawr, ond rhwng y gwreiddiau preiffion gwelwyd fod coeden fechan o deulu'r pîn yn tyfu. Pregethodd y sant wrth y pagan-iaid am y Baban a anwyd ym Methlem, ac mai'r Crist hwnnw fyddai Aberth dros bawb, ac medda fo: 'O heno ymlaen, y binwydden fach yma fydd eich coeden chi. Yn un peth, mae hi'n arwydd o gysgod trosoch chi, fel y Crist; peth arall, mae hi'n arwydd o fywyd tragwyddol, mae hi'n fythol wyrdd; a pheth arall, mae'r goeden yma'n pwyntio tua'r Nefoedd, o'r lle daeth y Ceidwad.' A dyna darddiad y Goeden Nadolig, meddan nhw.

A beth ydi'r celyn? Gall y dail pigog fod yn sumbol o'r Goron Ddrain, a'r aeron coch fod yn arwydd o'r Gwaed. Ac mi glywais ddweud nad '*holly* tree' ydi'r gelynen, ond '*holy* tree'.

Beth am y Cardiau Nadolig? Wel, pethau'r cyfnod modern ydi'r rheini, a hawdd deall hynny o gofio nad oedd gwasg argraffu na phost hyd yn gymharol ddiweddar.

Mae'r un peth yn wir am Santa Clos. Dyn gweddol ifanc ydi yntau hefyd. Dim ond rhyw gan mlynedd sydd ers pan dynnwyd ei lun o gyntaf—gan gartwnydd o'r enw Thomas Nast, gyda llaw. Ond Sbaenwr ydi'r Santa gwreiddiol: Sant Nicholas; ac os dywedwch chi'r enw yn araf a thoredig—Sant Nicholas . . . San-ni-colas, fe gewch yn y diwedd—Santa Clos. Arfer y Santa caredig hwn, pan fyddai trigolion y wlad yn cysgu, oedd rhannu anrhegion a'u gadael nhw yn *esgidiau* pobol. Wrth fynd o Sbaen dros y topiau, a hithau'n eira, 'doedd ganddo fo ddim dewis ond cael sled a cheirw i dynnu. Ac am nad oedd esgid yn dal digon o anrhegion, o dipyn i beth, aeth pobol ati i osod *hosan* wrth bost y gwely. A dyna i chi'r Hosan Dolig.

A beth am garolau? 'Rydw i'n deall mai o'r gair Ffrangeg 'carole', sef dawns, y daw 'carol'. Ganrifoedd yn ôl 'roedd y mynaich yn canu neges y Nadolig mewn Lladin, a 'fedrai'r bobol ddim dilyn na deall. Nes i Ffransis o Assisi drefnu gwasanaeth i ganu yn iaith yr addolwyr. Ac wedi'r cwrdd hynod hwnnw 'roedd y bobol mor hapus nes dal i ganu wrth fynd adre yn y nos, a dyna lenwi'r ffyrdd a'r strydoedd gan garolau'r Geni.

'Anghofiaf innau mo'r profiad chwaith. Noson neu ddwy cyn y Dolig oedd hi. 'Roedd hi'n o hwyr ac yn reit oer, eira ysgafn ar lawr ac yn rhyfedd o dawel. Yn sydyn, dyma sŵn meddal Band Arian y Penrhyn yn llifo o'r stryd islaw, a'r awyr siarp yn llenwi gan gordiau 'O deuwch ac addolwn' a 'Dawel Nos' a'r rheina. Nes bod y brigau oedd dan yr eira a'r pentre distaw a'i bobol— 'roedd pawb a phopeth yn sŵn y carolau wedi mynd yn sant-aidd, am wn i.

Cyn cloi, beth am y dydd sy'n dilyn y Dolig? Boxing Day. Neu'n well, Gŵyl y Blwch. Wel, Gŵyl Sant Steffan ydi honno. Am mai Steffan oedd y cyntaf i farw dros Iesu Grist, fe gafodd yr anrhydedd o'i gofio yn syth ar ôl Dydd Geni ei Arglwydd. Daeth yn arfer yn eglwys y llan o adael blychau casglu er mwyn y tlodion, ac ar y dydd wedi'r Nadolig, y drefn oedd agor y bocsus a rhoi'r arian yn galennig i'r tlawd. Felly y daeth ystyr i Ddydd y Bocs, Gŵyl y Blwch, ac o hyn y daeth y *Christmas Box*, a dyna union neges yr hen garol hyfryd 'Carol y Blwch':

Rho gân i'r Cantorion a chana dy hun:
Gogoniant i'r Nefoedd, tangnefedd i ddyn;
Cael prifnod y Nefoedd—Duw diddig, Duw da;
Rho FLWCH AUR Y DOLIG yn glennig i gla'.

Esgyrn Eira   *Robin Williams*

162

Cobyn

Dydd Nadolig oedd y diwrnod—y mae yn ddrwg gennyf gyfaddef—pryd y bûm yn ymladd ceiliogod ddiwethaf. Ni allasai dim fod yn fwy anghymwys ar y fath ddydd. Yr oeddwn wedi edrych ymlaen at y Nadolig hwnnw gydag aidd, ac wedi addo i mi fy hun lawer o ddifyrrwch. Ond dechreuodd yn ddrwg, a diweddodd yn waeth.

Ni wn yn iawn, os gwyddent hwy eu hunain, pa berthynas deuluol oedd rhwng fy mam ac Edward Tomos, y Wernddu. Ond yr oedd rhyw berthynas yn bod, ac y mae atgof gennyf glywed Edward yn dweud fod ei daid ef a thaid fy mam yn ddau gyfyrder . . . Y Penty oedd enw ein tŷ ni, ac nid oedd ond dau gae rhyngddo a'r Wernddu—yn wir, yr oedd yn rhan o'r ffarm oedd yn naliad fy Ewyrth Edward . . . Magai fy mam bob blwyddyn ddau fochyn, a gâi hi yn berchyll . . . Yr unig dda byw eraill oedd gennym oedd ychydig ieir pur hyfion. Fel y mae yr arferiad yn y wlad, byddai drws y tŷ bob amser yn agored, oddieithr yn y nos neu pan elem oddi cartref, a byddai'r ieir yn gwybod i'r funud adeg pryd bwyd, ac yn dyfod i'r tŷ i hel y briwsion, a phan na byddai briwsion galwent sylw fy mam drwy bigo ei ffedog.

Nid llawer o ddiddordeb a gymerwn i yn yr ieir—yr hen geiliog oedd fy ffefryn i. Ac un braf oedd yr hen gobyn—un o frid 'drws y 'sgubor', a'i frest cyn dued â llusen. Gallwn ei glywed yn canu filltir o ffordd . . . Edrychai fy mam hefyd, mi wn, ar cobyn fel un oedd yn wasanaethgar iawn i gadw trefn ar y 'pethau ifinc', oblegid pan ddechreuai'r ceiliogod ieuainc ymladd, âi cobyn rhyngddynt, edrychai yn awgrymiadol ac awdurdodol arnynt, ac os byddai un ohonynt yn ddiystyr o'i gyngor, rhoddai'r fath bigiad iddo nad anghofiai am bythefnos. Yn y cyfryw amgylchiadau ni fuasai neb yn dychmygu ei fod ef ei hun y fath ymladdwr. Mi a'i gwelais mewn gornest lawer gwaith, ond ni welais ef erioed yn cael ei gweir.

Yr oedd gan cobyn stympiau cyd â'm bys, ac fel y dywedais, gwyddai yn dda sut i'w defnyddio. Un tro, tybiai Harri Tomos, mab y Wernddu, ei fod wedi llwyddo i gael ceiliog a allai roi curfa i cobyn, ac euthum i'w weled. Canfûm ar unwaith fod Harri wedi rhoi pris mawr am ei geiliog, oblegid yr oedd yn *game,* gyda chorff cryf a choesau hirion, ei grib a'i 'gellau wedi eu torri yn glòs, a'i ben yn ymddangos fel pen neidr. Mynnai Harri gael gornest, ond nid oeddwn yn fodlon i'r hen gobyn ymladd dan y fath anfanteision. Nid oedd llonydd i'w gael gan Harri, a chytunais, pan gaffem gefn yr hen bobl, i roddi prawf ar y ddau glochdar.

Dradwy oedd Dydd Nadolig, ac âi fy mam a'm Hewyrth Edward ar y Nadolig i'r gwasanaeth boreol. Deliais yr hen gobyn—yr oedd yn bur ddof—a chymerais ef i'r tŷ, a chyda darn o wydr crafu ei stympiau nes oeddynt mor llym â nodwyddau. Daeth Harri Tomos i'r Penty yn bur fuan, a'r *game* dan ei gesail. Ni ddarfu iddo sylwi fy mod wedi paratoi cobyn i'r frwydr, a chanodd yntau yn uchel pan glywodd lais ei wrthwynebydd. Aethom i'r ardd, a gollyngodd Harri ei geiliog. Cerddodd cobyn i'w gyfarfod, ac wedi i'r ddau lygadu ei gilydd am eiliad, gosodasant eu pigau efo'r llawr, a chodasant eu gwrychyn fel ymberelo, a'r foment nesaf yr oeddynt yn ymladd yn ffyrnig. Gwelwn yn fuan fod cobyn yn cael y gwaethaf; yr oedd ei grib a'i 'gellau yn gwaedu yn enbyd. Tosturiais wrtho, ac achubais ef rhag ei elyn. Cydiodd Harri yntau yn ei ymladdwr rhag iddo 'hedeg i'm hwyneb.

Crefai Harri am gael un tyrn arall, ond yr oeddwn yn bur amharod i hynny, gan na allwn anghofio fod cobyn, erbyn hyn, yn dechrau mynd i oed, ac nad oedd yr hyn a fuasai yn ei ddyddiau gorau. Heblaw hynny, yr oedd ceiliog Harri yn ymladdwr wrth natur—yn ei breim ac wedi ei dreinio. Ond nid oedd taw ar Harri a'i 'un tyrn arall—dim ond un.' Ildiais; ac mewn llai o amser nag y medraf ei adrodd, plannodd cobyn ei stympiau trwy wddf y *game,* yr hwn a roddodd un ysgrech, ac a syrthiodd ar ei ochr, ac a drengodd.

Nid hwn oedd y cyntaf i cobyn ei anfon i'w 'aped', a phan welodd ei fod wedi trengi safodd arno a chanodd, yna cerddodd yn hamddenol at yr ieir a oedd wedi hel at ei gilydd yng nghongl yr ardd i fod yn llygad-dystion o'r ornest—i dderbyn eu llongyfarchiadau. Pan welodd Harri hyn, ebe fe:

'Wyst ti be', 'rydw i'n mawr gredu fod y diafol yn yr hen gobyn yna.'

'Mae mwy o ddiafol ynoch chi, yr hogie diffeth gynnoch chi. Ond hoswch chi tan toc,' ebe llais dros wrych yr ardd, a gwelem Hugh, hen was y Wernddu, yn edrych yn guchiog arnom.

Gwen Tomos   *Daniel Owen*

Mae ceiliog gan Dai Siencyn,
Mae'n troi ar hanner blwyddyn,
Nid oes fath geiliog ar ei hynt—
Fe hollta'r gwynt â'i sbardun.

Triban Morgannwg

O'r ceiliog coch llawen, mae'n llwydlas dy bluen,
   Dy big sydd yn felen a dwy aden deg.
Os ymladd wnei'n gefnog nes lladd dy gyd-geiliog,
   Enilli chwe cheiniog neu chwaneg.

O'r ceiliog coch siriol, ymleddaist yn wrol,
   Fe ddylid dy ganmol yn freiniol drwy'r fro.
Enillaist y cocyn drwy nerth dy ddau erfyn,
   Da gwnaethost, aderyn, ymdaro.

Hen Benillion

Nadolig y Cerdyn

(Rhan o'r stori)

Cychwynnodd y ddau wedi eu lapio hyd at eu trwynau fel rowlyn powlyn, clocsiau am eu traed a chrafat mawr wedi ei rwymo am eu pennau. Yr oedd yr eira yn llwythi ar hyd ochr y ffordd, a'r llwybr troed yn y canol yn sgleinio'n galed ar ôl y troliau. Yr oedd ôl traed yn mynd ac ôl traed yn dŵad, ac ôl blaen esgid yn sathru ar sawdl esgid. Llwybrau bach yn mynd at y tai a mynyddoedd o eira o boptu iddynt. Peth digrif i'r plant oedd clywed lleisiau'n siarad heb glywed sŵn traed yn cerdded. Yr oedd fel coeden heb wraidd. Casglai'r eira yn hafnau pedolau eu clocsiau, a theimlai Rhys fel petai ar 'bandy legs' yn sefyll wrth ben pawb. Rhoesant gic i'w traed yn y wal wrth droi at lwybr y mynydd, ac aeth poen poeth drwy eu traed i'w pennau.

'O,' meddai Rhys gan wneud sŵn crio.

'Twt,' meddai Begw, 'dim ond hynna bach. Aros nes byddi di yn nhŷ Nanw Siôn.'

Ond nid oedd llwybr y mynydd yno, dim ond daear wastad ddi-dolc. Dim ôl dafad na merlen, dim twll nyth cornchwiglen, nac ôl carnau buwch, dim ond gwastadedd llyfn, a blaen ambell gawnen grin o frwyn yn taflu allan drwyddo.

Daeth ebwch o wynt main, a lluwchio'r eira i gorneli yng nghlawdd igam ogam y mynydd, lle'r oedd tomen serth o eira yn barod, ac yntau cyn llithro a gorffwys ar y domen yn troi fel cyrlen o wallt gwyn. Nid oedd golwg o'r ffrwd, ond gwyddai'r ddau blentyn ei bod yno, a chaead caerog o wahanol wynderau o rew ar ei hwyneb.

'Mae afon bach y Foty wedi marw,' meddai Begw, 'clyw, 'does yna ddim sŵn.'

Ond yr oedd twll bach yn y rhew yn uwch i fyny, a mynnodd Rhys gael symud ei grafat a rhoi ei glust arno.

'Na, mae 'i chalon hi'n curo'n ddistaw bach,' meddai, gan feddwl cryn dipyn ohono'i hun am allu myned i fyd Begw.

'Yli,' meddai, 'dacw fo.'

'Be?'

'Tŷ Nanw Siôn.'

A dyna lle'r oedd ei thŷ yn swatio dan gysgod twmpath, a'r Mynydd Grug y tu ôl iddo, fel blawd gwyn wedi ei dywallt yn grwn o bowlen fawr.

Ond yr oedd yr eira yn ddyfnach ac yn fwy llithrig, a chaent drafferth i sefyll ar eu traed, Rhys erbyn hyn yn gafael yn dynn yn llaw rydd Begw. Erbyn iddynt gyrraedd llidiart tŷ Nanw Siôn yr oedd yr eira wedi myned i mewn i'w clocsiau, a theimlai Rhys fod ganddo gant o lo yn hongian wrth bob esgid. Rhaid oedd curo'r bacsiau eira oddi tan y gwadnau eto a dioddef y gweyll poeth yn mynd trwy'r traed.

Cnoc bach gan bob un ar y drws.

'Pwy sy 'na?'

'Y ni.'

'Dowch i mewn.'

'Be' ar wyneb y ddaear a'ch gyrrodd chi i fan'ma ar y fath dywydd?'

'Mam.'

'Ydan ni'n licio dŵad trwy'r eira.'

'Mi'r ydach chi'n licio peth gwirion iawn. Jêl ydi eira.'

'Mi ddaru mi grio i gael dŵad.'

'A 'r oedd arna i eisio dŵad fy hun.'

'Lwc garw fod gen ti gwmpeini. Be' tasat ti'n syrthio a thorri dy goes. Ond i be' dw' i'n siarad? Tynnwch am eich traed, a thynnwch y crafatiau yna.'

Yr oedd gan Nanw Siôn dân coch heb fod yn rhy fawr yn y grât, a phentwr o dywyrch uwch ei ben yn ymestyn i dwll y simnai. Tynnodd un ohonynt i lawr yn nes i'r tân, a dyma'r tân yn ateb drwy estyn ei dafod allan i'w chyfeiriad. Dechreuodd gynnau yn araf.

'Steddwch ar y setl yna a rhowch eich traed ar y stôl yma. Maen' nhw'n wlyb doman.'

Yr oedd yn dda gan y ddau gael swatio cyn nesed ag y medrent i'r tân. Ond deuai gwynt o bobman. I lawr o'r simnai a chodi'r sach blawd ar yr aelwyd, o dan y drws allan, o dan ddrws y gilan. Yr oedd dannedd y ddau yn clecian, a theimlent y crafat ar eu pennau er nad oedd yno. Ond toc dechreuodd y dywarchen fflamio o ddifrif, a symudodd Nanw Siôn rai eraill yn nes ati, a rhoes un clap o lo yn llygad y tân. Deuai aroglau potes o sosban ddu ar y pentan. Aeth Nanw i nôl tair powlen a'u rhoi ar y bwrdd bach crwn gwyn, torri tipyn o fara iddynt, a chodi'r potes efo chwpan i'r powliau.

'Rwân, bytwch lond ych boliau. Mi cynhesith hwn chi'n well o lawar na rhyw slot o de.'

Ac felly yr oedd. Fesul tipyn deuai'r gwres yn ôl i'w traed a'u dwylo a'u clustiau. Rhoes Nanw Siôn y procer o dan y dywarchen a ffrwydrodd gwreichion allan ohoni, a'r tân coch yn dringo'n araf drosti. Yr oedd fflam bach ar y lamp a throdd Nanw hi i fyny. Rhwng y tân a'r golau yr oedd golwg gysurus ar bethau, a dechreuodd y ddau blentyn bendympian. Ond yr oedd trwyn Nanw Siôn yn rhedeg, a hithau yn ei sychu efo hances boced wedi ei gwneud o fag blawd a gadwai rhwng llinyn ei barclod a'i gwasg. Yr oedd ganddi siôl frethyn dros ei hysgwyddau wedi ei chau efo phin ddwbl gref. Daeth distawrwydd dros y gegin, ac yn ei ganol clywid y gath yn canu'r grwndi, y cloc yn tipian, y ddau blentyn yn chwyrnu cysgu, Nanw Siôn yn anadlu'n wichlyd fel megin, ac ambell glec o'r tân. Deffrodd Rhys.

'Oes gynnoch chi dop?' meddai wrth yr hen wraig.

'Top, be' 'na i efo thop, yn eno'r annwl?'

'Mam oedd yn deud 'i bod hi'n dop iawn arnoch chi.'

Pwniad iddo yn ei asennau gan Begw.

'Ydi mae hi, mae hi reit anodd byw, ond fel 'na gwelis i hi 'rioed. Waeth faint geith rhywun, fedr neb roi cwlwm ar y ddau ben llinyn.'

'Mae mam wedi rhoi tipyn bach o bethau i chi at y Dolig,' meddai Begw.

'A fi sy'n rhoi'r cyflath,' meddai Rhys.

'Mae'n debyg dy fod ti wedi rhoi tro neu ddau ar y llwy,' meddai Nanw Siôn.

Datbaciwyd y fasged, a Nanw Siôn yn dweud, 'Wel O!' am bob dim a dynnai allan. 'Y gryduras ffeind.'

'Mi'r ydan ni'n mynd i gael Nadolig hen ffasiwn.'

Edrychodd Nanw Siôn ar Rhys fel petai cyrn ar ei ben.

'Pwy oedd yn deud?'

'Begw.'

'Be ŵyr hi am Nadolig hen ffasiwn?'

'Wel ydach chi'n gweld, Nanw Siôn, 'r ydw i yn cael cardiau bob Nadolig a llun eira a chelyn arnyn nhw, a hogan bach yn mynd trwy'r eira mewn bonet a chêp.'

'A mi'r wyt ti'n meddwl mai chdi ydi honno?'

'Wel 't ydan ni 'rioed wedi cael eira ar y Nadolig o'r blaen.'

'Ches inna' ddim chwaith. Celwydd bob gair ydi'r Nadolig hen ffasiwn.'

Aeth y ddau blentyn i'r potiau yn arw.

'Pam maen nhw'n deud hynny ar y cardiau ynta?'

'Mi ddysgi di ryw ddiwrnod mai'r bobl sy'n deud mwya' o glwydda' sy'n gwneud i ffortiwn gynta.'

Ni fedrai Begw ddweud gair. Yr oedd wedi cael ei thwyllo ar hyd yr amser. Wedi gweld rhyw fyd rhamantus ymhell yn ôl lle'r oedd plant bach yn cael Nadolig gwyn bob blwyddyn. Mentrodd toc.

'Wel, mae'u celwydd nhw wedi dŵad yn wir y tro yma beth bynnag, ac ella mai rŵan 'r ydan ni'n dechra cael Nadolig hen ffasiwn.'

Te yn y Grug   *Kate Roberts*

169

Drama'r Nadolig

Defod, ar y Nadolig, yw fod
Plant y festri, y bychain,
Yn cyflwyno yn ein capel ni
Ddrama y geni.

Bydd rhai oedolion wedi bod wrthi
Yn pwytho'r Nadolig i hen grysau,
Hen gynfasau, hen lenni
I ddilladu y lleng actorion.

Pethau cyffredin, hefyd, fydd yr 'anrhegion':
Bydd hen dun bisgedi,
O'i oreuro, yn flwch 'myrr';
Bocs te go grand fydd yn dal y 'thus';
A daw lwmp o rywbeth wedi'i lapio,
Wedi'i liwio, yn 'aur'.
Bydd yno, yn wastad, seren letrig.

Bydd oedolion eraill wedi bod yn hyfforddi angylion,
Yn ceisio rhoi'r doethion ar ben ffordd,
Yn ymdrechu i bwnio i rai afradlon
Ymarweddiad bugeiliaid,
Ac yn ymlafnio i gadw Herod a'i filwyr
Rhag mynd dros ben llestri—
Oblegid rhyw natur felly sy ym mhlant y festri.
Bydd Mair a bydd Joseff rywfaint yn hŷn
Na'r lleill, ac o'r herwydd yn haws i'w hyweddu.
Doli, yn ddi-ffael, fydd y Baban Iesu.

O bryd i'w gilydd, yn yr ymarferion,
Bydd cega go hyll rhwng bugeiliaid a doethion,
A dadlau croch, weithiau, ymysg angylion,
A bydd waldio pennau'n demtasiwn wrthnysig
I Herod a'i griw efo'u cleddyfau plastig.
A phan dorrir dwyster rhoddi'r anrhegion
Wrth i un o'r doethion ollwng, yn glatj, y tun bisgedi
Bydd eisiau gras i gadw'r gweinidog rhag rhegi.

Ond yn y cariad fydd rhwng y muriau hynny
Ar noson y ddrama, bydd pawb yn deulu;
Bydd diniweidrwydd gwyn yr actorion
Yn troi'r pethau cyffredin, yn wyrthiol, yn eni,
A bydd yn ein nos, yn ein tywyllwch, y seren letrig
Yn cyfeirio'n ôl at y gwir Nadolig,
At y goleuni hwnnw na ellir mo'i gladdu.
Ac yng nghanol dirni ac enbydrwydd byd sy'n gaeth dan rym
                                        Herod
Fe ddywedir eto nad yw Duw ddim yn darfod.

Croesi'r Traeth   *Gwyn Thomas*

171

Y Pedwerydd Gŵr Doeth

Nid Tri Gŵr Doeth a gychwynnodd i Fethlehem, ebe'r hen stori. Cychwynnodd pedwar, ond ni chyrhaeddodd y pedwerydd ben y daith.

Ar ei draed y teithiai ef, ac yr oedd ganddo yntau anrhegion i'r Baban.

'Gresyn na byddai gennyf well anrhegion,' meddai wrtho'i hun, 'ond yr hyn sydd gennyf, mi a'u rhoddaf iddo'n llawen—y darn aur a gymerodd gynifer o flynyddoedd imi i'w ennill, yr em ruddgoch a adawyd imi gan fy nhad, a'r blwch ennaint a gefais gan fy mam.'

'R oedd y daith yn hir, ac yntau'n llesg. Goddiweddwyd ef gan dri bonheddwr gorwych yn marchog ar gamelod. Symudodd yntau i ochr y ffordd i roddi digon o le iddynt basio. Pan ostegodd y llwch a godwyd gan garnau'r anifeiliaid, gwelodd yr hen ŵr oddi wrth ddisgleirdeb y Seren uwchben ei fod yntau ar gyrraedd ei nod.

'R oedd bagad prysur o ymwelwyr yn llenwi'r porth pan gyrhaeddodd y dref. Erbyn hyn, 'r oedd peth o ddisgleirdeb y Seren yn ei wyneb yntau, ac fel y gwthiai ei ffordd drwy'r dyrfa, rhedai plant bychain ato i gyffwrdd yn ei law, a gwenai'r mamau arno mewn cydymdeimlad.

Ond wedi mynd i mewn i'r dref, y peth cyntaf a welodd oedd plentyn bychan yn gorwedd yn ei glwyfau ar fin yr heol. Yr oedd chwip y meistr creulon wedi gadael gwrymiau gwaedlyd ar gefn noeth y bychan. Heb feddwl beth a wnâi, agorodd yr hen ŵr y blwch o ennaint, ac arllwys ei gynnwys dros gefn dolurus y plentyn. Yna aeth yr hen ŵr yn ei flaen, ar ôl y Seren.

'Ni fedrwn adael y peth bach mewn poen,' meddai wrtho'i hun. 'Ac wedi'r cwbwl, mae gennyf ddwy anrheg yn weddill. Gobeithio na bydd y Baban yn ddig wrthyf am wario un o'r anrhegion.'

Wrth feddwl am yr hyn a welodd yn wyneb y plentyn bach pan dywalltodd yr ennaint gwerthfawr ar ei glwyfau, daeth y disgleirdeb yn ôl i wyneb yr hen ŵr, ac aeth ar ei ffordd yn llawen.

Ond yn sydyn, arafodd ei gamau drachefn. Eisteddai cardotyn ar y palmant, yn garpiog ei wisg, musgrell ei gorff.

'Bydd drugarog!' erfyniodd y cardotyn. 'Yr wyf yn hen, ac yn ddall, ac yn newynog. Dyro imi gardod i gael bara!'

Edrychodd yr hen ŵr i lawr ar wyneb y cardotyn dall. Y darn aur a gludai i'r Baban oedd yr unig arian a feddai. Ond gwelodd wyneb ei dad yn wyneb y cardotyn, a llais ei dad yn ei lais. Rhoes y darn aur iddo. Yna aeth yn ei flaen—ar ôl y Seren.

'Y mae'r em ruddgoch gennyf o hyd,' meddai wrtho'i hun. 'Mi egluraf i'r Baban paham nad oes gennyf ond un anrheg iddo. Efallai y caf faddeuant ganddo pan glyw fy stori.'

Pan ddaeth i ganol y dref, gwelodd ŵr yn y farchnadfa yn gwerthu caethweision. Geneth fechan a safai ar fwrdd yr arwerthwr. Wrth droed y bwrdd, yn wylofain yn ddiobaith, ymgrymai mam y gaethferch fach. Edrychodd yr hen ŵr ar y naill a'r llall ohonynt, ac ni wyddai â pha un o'r ddwy y cydymdeimlai fwyaf—ai gyda'r fam a oedd yn colli ei merch, ynteu gyda'r ferch a oedd yn colli ei mam.

''D oes ond un peth i'w wneud,' meddai wrtho'i hun, a thynnodd o'i logell yr olaf o'r tair anrheg. Â'r em ruddgoch, prynodd y plentyn bach, a'i rhoddi'n ôl i'w mam.

'Cymer hi,' meddai wrthi. 'Nid caethferch mohoni bellach. Dy blentyn di ydyw am byth.'

Heb aros am ddiolch, brysiodd o'r farchnadfa.

Edrychodd i fyny at y Seren, ac er ei bod o hyd yn ei ddenu ymlaen, aeth ei gamau'n fyrrach, ac yn arafach, ac yn drymach. Llanwyd ei lygaid â dagrau: pylodd y Seren.

'Gwae myfi,' meddai wrtho'i hun, 'nid oes gennyf yn awr yr un anrheg i'w rhoddi i'r Baban. Tywelltais yr ennaint ar glwyfau'r bachgen bach, rhoddais yr aur i'r hen gardotyn, a gweriais fy nhrysor pennaf i brynu caethferch. 'D oes gennyf ddim i'w roddi i'r Baban. Gwae myfi!'

Eisteddodd ar fin y ffordd. Teimlodd flinder y daith hir yn ymledu drwy ei aelodau. Gorffwysodd ei ben ar y clawdd tu ôl iddo.

'Ni fedraf fynd i weld y Baban â dwylo gweigion,' meddai. 'Rhaid imi droi tuag adre heb weld y Baban y deuthum i'w addoli. Mor flin a fydd y daith yn ôl.'

173

Syrthiodd i gysgu. Ac fel y cysgai, diflannodd y llafur a'r lludded o'i wyneb garw, a daeth gwên fechan i chwarae ar ei wefusau. Canys yn ei freuddwyd gwelai'r Baban yn eistedd ar lin ei fam. Ar dalcen y Baban yr oedd yr em ruddgoch a roddwyd am y gaethferch; yn llaw y Baban yr oedd y darn aur a roddwyd i'r cardotyn; ac yna, yn ben ar y cwbl, gwelodd fam y Baban yn agor y blwch ennaint, ac yn tywallt ar y Mab yr ennaint a dywalltwyd eisoes ar gefn plentyn arall.

Gwelodd yr hen ŵr lygaid y Baban yn edrych arno, a chlywodd ei lais yn dywedyd wrtho:

'Yn gymaint a gwneuthur ohonoch i un o'r rhai bychain hyn, i Mi y gwnaethoch.'

Whilmentan   *J. Ellis Williams*

Noswyl Nadolig

Y mae'r cwbl o'r ddrama yn digwydd mewn castell yn Normandi, rhwng noswyl Nadolig a'r bore Nadolig, ganrifoedd yn ôl.

AMLYN: Borthor, a gaewyd y porth?

PORTHOR: Do, fy arglwydd Amlyn.

AMLYN: Mae'r byrddau'n wag ac nid oes sŵn o'r gegin.

BELISENT: Ysgafn y swper heno, f'arglwyddi.

FFŴL: A gaed o fwyd ac o win,
Dyn a'i rhôi dan yr ewin.

AMLYN: Byr yn awr yw'r aros cyn yr offeren ganolnos.
Nid gweddus yw mynd yn lwth i gyfarch y baban
Crist.

FFŴL: Naw wfft i'r pab am roi cyn Nadolig rawys;
Pa raid inni farw o hyd cyn cyrraedd paradwys?

BELISENT: Cadwaf, er hynny, fy Amlyn, arlwy o fwyd a
gwin,
Rhag dyfod rhyw deithiwr hwyr
A churo fel Joseff a Mair ar ddrysau Bethlem.

AMLYN: Belisent, yr orau o'r gwragedd, doeth yw dy air.
Chwithau, ganhwyllau ein hallor,
Fy nau fab bach a dau lygad eich mam,
Yfory fe godwch yn glau i glodfori'r preseb
A chanu carolau i'r Crist yn y gwellt:
Gan hynny, i'r gwely, y gweilch.

FFŴL: Bant â'r gwin, bant â'r bwyd,
Bant â'r adfent llwyd.

BELISENT: Fy mhriod, defod i'r plant ar noswyl Nadolig
Oleuo cannwyll a'i gosod yn ffenestr y tŷ;
Cans heno, pwy ŵyr na ddaw Ef, megis unwaith
   i Fethlem Jwda,
Yn faban i chwilio am lety, neu yn rhith cardotyn,
Ac yn gymaint â'i wneuthur ohonoch i un o'r rhai
   bychain hyn,
I Mi y gwnaethoch: gan hynny,
Fe fyn y ddau hyn cyn huno
Oleuo'u cannwyll i dywys y Baban a'i fam drwy'r
   nos.
Chwithau, wŷr da a rhianedd,
Ymunwch â ni yn y ddefod:
Tra dygo'r plant eu cannwyll i lonni'r llwybr i
   Fair,
Cenwch chwithau garol Nadolig i gyfarch Mam
   y Gair.

Amlyn ac Amig   *Saunders Lewis*

Y Plygain

Ymhell cyn hanner nos yr oedd y parlwr yn orlawn, a'r delyn a'r lleisiau yn cydgordio'n hapus. Paratodd Jini a'i mam luniaeth i bawb tua un o'r gloch, ac wedi cael ychwaneg o ganu, dyna hi'n hanner awr wedi tri ar chwap, ac yn hwyr glas mynd am yr eglwys. Goleuwyd y lanteri a chychwynnwyd dros y lawnt am y fynwent: y Ficer yn arwain, gyda Lewis a Lewis Gwynne yn rhedeg o gwmpas ei sodlau; dilynai Mary a John gyda'r cantorion, ond arhosai Jini a Bet gyda'u mam i weld bod popeth yn iawn cyn gadael. Pan gyrhaeddodd Thomas Richards yr eglwys yr oedd William Roberts, Rhosdyrnog, y clochydd, wrthi'n goleuo'r canhwyllau.

''R oeddwn i'n clywed y canu o'r tŷ, Syr,' meddai, 'a phan welais i olau'r lanteri, gwyddwn ei bod hi'n amser goleuo.'

Dylifai'r bobl i'r eglwys dan siarad a chwerthin.

'Sut yn y byd y gallaf i ddysgu i'r bobl hyn pa fodd i ymddwyn yn y Plygain?' gofynnai'r Ficer iddo'i hun yn y festri. 'Dyma fi wedi bod yma am yn agos i ddeng mlynedd, a dyma nhw'n dal i drin y Plygain fel marchnad neu ffair, a'r un bobl, ar y Sul, yn ymddwyn yn hollol ddefosiynol.'

Yr oedd deng mlynedd yn rhy fyr o amser o lawer i dynnu arfer cenedlaethau oddi ar y bobl: miri a hwyl a fu'r Plygain, a daliai i fod felly er gwaethaf ymdrechion Thomas Richards a'i debyg.

Daeth allan o'r festri, a pheidiodd y siarad a'r chwerthin, ond ddim yn llwyr. Cyhoeddodd fod y côr i ganu 'Deffro, f'enaid, paid â chysgu', a phawb yn ymuno yn rhan olaf y pennill. Priciodd Mary y delyn, rhoes arwydd i John, a dyna'r cerddorion yn canu'r alaw drwyddi. Distawrwydd llethol yn yr eglwys. Yna dechreuodd y canu, a bron na fedrech chwi glywed y syndod yn y gynulleidfa. Pan ddaethpwyd i ddiwedd y pennill cyntaf yr oedd y lle yn orfoledd, a gorffennwyd y garol yn yr un awyrgylch. Yna aed ymlaen â'r Foreol Weddi, a chanwyd dwy Salm. Cyn y bregeth canodd Jini ac Edward Jones, Cwmbychan Mawr, y garol gyda'i gilydd, a dilynwyd hwy gan y côr.

Ar ôl y bregeth, canodd y côr garol arall, a daeth yr amser i Lewis Richards a Lewis Gwynne ganu eu deuawd.

'Ni fydd nesa',' meddai Lewis Richards wrth ei gyfaill mewn llais uchel tra bloeddiai'r côr eu Haleliwia olaf.

'Ie, debyg,' sibrydai Lewis Gwynne.

Galwodd y Ficer y ddau fachgen ymlaen, a chamodd Lewis Richards i'r gangell yn hyderus; llusgodd Lewis Gwynne i'w ganlyn. Yr oedd erbyn hyn yn welw, a'i bengliniau'n crynu o dano. Priciodd Mary'r delyn, a daeth ei brawd i mewn ar y nodyn cywir, yn hollol ddiymdrech. Bu raid iddo ganu unawd am far neu ddau cyn i'w gymar fagu digon o blwc i ymuno ag ef. Gwellodd pethau wrth fynd ymlaen, a chyn y diwedd yr oedd y naill Lewis mor hunanfeddiannol â'r llall.

Wedi i'r côr ganu dwy garol ymhellach, daeth John i gymryd lle Mary wrth y delyn, a safodd hithau yn y gangell i ganu carol ar ei phen ei hun. Dewisasai garol plygain Cadwaladr Roberts, o Bennant Melangell: 'Pob Cristion iawn grefydd, pob perchen awenydd . . .' a chanodd hi drwyddi'n syml a dirodres, ei llais cyfoethog yn llenwi'r hen eglwys, a phob llygad yn pefrio wrth edrych arni. Ni allai ei mam ymatal rhag gollwng dagrau o lawenydd wrth glywed llais ei merch hynaf yn codi ac yn gostwng, yr amseru yn berffaith a'r cwbl mor artistig. Yr oedd Mary ei hun yn ei helfen yn cael bod yn yr eglwys a chael canu yno.

Awelon Darowen   *Mari Headley*

Dewch i'r blygen gyda'r seren,
Sawl sy'n diogi, peidied codi.

Traddodiadol

Y Fari Lwyd

Paratôdd mam fi at y Fari Lwyd gan ddweud mai gorymdaith a welwn, ac mai Wil Evans y crydd fyddai'r arweinydd. Eglurodd ymhellach na fyddwn yn ei adnabod oherwydd y byddai yn gwisgo lliain gwyn amdano ac ysgerbwd pen ceffyl dros ei ben. Soniodd fel y byddai'r pen wedi cael ei addurno â rubanau a rhosynnau o bapur coch a melyn.

Edrychwn ymlaen yn awyddus at ei gweld, a phan oedd ar fin cyrraedd ein tŷ ni, aeth mam â mi at ffenestr y parlwr, er mwyn i mi gael golwg iawn arni. Rhoddodd mam follt ar y drws rhag ofn i'r cwmni direidus ein gweld a cheisio dod i mewn atom. Dywedodd mam wrthyf am fod yn dawel, ac i beidio â chadw unrhyw sŵn, neu byddai'n fy rhoi yn fy ngwely yn y llofft gefn. Gwyddwn na fyddwn yn medru gweld dim o'r lle hwnnw.

Cyn hir, clywsom ei sŵn y tu allan i *Bristol House,* siop Bili Twm. Canodd o flaen y siop, gan obeithio cael cwrw, arian a theisennod gan Bili Twm. Yna, aeth heibio i'n tŷ ni, dan ganu'n undonog iawn,—

179

'Mari Lwyd lawen yn dyfod i'ch trigfan,
O, peidiwch â bod yn sych ac anniddan.
O, peidiwch yn wir, mae'r amser yn wan.
Rhowch law yn eich poced a gwnewch eich rhan.'

Tu cefn i'r arweinydd a wisgai'r pen ceffyl, cerddai llawer o ddynion mewn oed, a phob un yn gwisgo mwgwd hyll, a matiau neu grwyn anifeiliaid ar eu cefnau. Y tu ôl i'r dynion cerddai llu o fechgyn o bob oed, pob un o'r golwg y tu ôl i'w fwgwd, a chynffon wiwer neu fat o groen ar eu pennau a'u cefnau.

Wrth droi i lawr drwy *Tin-pan-alley* at ddrws cefn *Manchester House,* dechreu'sant ganu'n uchel,—

'Wel dyma ni'n dŵad, gyfeillion diniwad,
I mofyn am gennad i ganu.
O tapwch y faril, gollyngwch y rhigil,
Na fyddwch yn gynnil i'r Fari!'

'D oedd fawr o fiwsig yn y dôn. Roedd yn fwy o siant nag o alaw mewn gwirionedd, ac i ganol y canu deuai lleisiau amryw o'r llanciau'n chwerthin.

Clywais mam yn canu'r geiriau flynyddoedd wedi hyn. Clywais hi, hefyd, yn canu ateb cyfarwydd i'r Fari. Dyma fe,—

'Rhowch glywed, wŷr doethion,
Faint ydych o ddynion,
A pheth yn wych union
    Yw'ch enwau!'

Wedi cael croeso i dŷ, câi aelodau'r Fari deisennod i'w bwyta a chwrw i'w yfed, a hefyd win eirin neu riwbob. Cyn mynd, rhoddai gŵr y tŷ arian mewn cwdyn lledr a gariai'r arweinydd. Yna âi'r Fari Lwyd ymlaen i'r lle nesaf.

Atgofion Ceinewydd   *Myra Evans*

Cân y Fari Lwyd

(Oddi allan)

Wel dyma ni'n dŵad
Gyfeillion diniwad
I ofyn am gennad i ganu.

Os na chawn ni gennad,
Cewch glywed ar ganiad
Beth fydd ein dymuniad—nos heno.

Agorwch y dryse,
Mae'r rhew wrth ein sodle,
Mae'r rhew wrth ein sodle—nos heno.

Os oes gennych atebion,
Wel, dewch â nhw'n union
I ateb prydyddion y gwylie.

(Ateb oddi mewn)

O, cerwch ar gered,
Mae'ch ffordd yn agored,
Mae'r ffordd yn agored—nos heno.

(Oddi allan)

Nid ewn ni ar gered
Heb dorri ein syched,
Heb dorri ein syched—nos heno.

(Oddi mewn)

Mae ffynnon yn tarddu
Ym mhistyll y Beili,
Trwy ffafwr cewch lymed i brofi.

(Oddi allan)

Nid yfwn o'r ffynnon
I oeri ein calon
I fagu clefydon—y gwylie.

Traddodiadol

181

Chwarae

Mae Mr. Jôs yn deud bod na dymhora i chwarae fel mae na dymhora i bopeth arall: tymhora nythu ac wŷn bach, tymhora'r frech goch a'r pâs aballu.

Weithia, medda fo, mi gewch chi gêm allan o dymor, fel chwara cricet ganol gaea.

'Mi wn i pam,' medda Trefor a rhoi ei law i fyny fel bowltan, 'am fod Owi wedi cael bat cricet yn bresant Dolig.' Rydan ni i gyd yn chwerthin.

'Hidiwn i damad na rown i waith cartra i chi heno.'

Mae o'n camu at y blacbord a sgwennu *Chwaraeon Tymhorol* mewn sgwennu sownd. Mae rhywun tu cefn i'r clas yn rhoi ochenaid hir a thrwy gil fy llygad rydw i'n dal John Lliniog Bach yn llyncu'i boer.

Rydw i'n mynd ati ar fy union i feddwl sut i lunio'r traethawd. Mae ffwtbol yn gêm dymhorol ac mae cricet a thennis yn betha tymhorol hefyd. Dw i ddim mor siŵr am nofio a sglefrio, oherwydd hwyl ydi hynny, a dydi hwyl a chwara ddim run peth o gwbwl.

Mi fedrwn i sôn am neud dyn eira a lluchio peli eira a rhyw firi felly heblaw mai un wael ar y naw ydw i am chwara'n yr eira.

'Chwarae Plant', Cynllun y Porth *Jane Edwards*

Diwedd Blwyddyn

Llithrodd y flwyddyn drwy'i Thachwedd a'i Rhagfyr tua'i therfyn. Diosgodd ei dail a gwisgo'i chaddug, tynnodd ei thyfiant ati, symudodd ei sêr i'w lleoedd arfaethedig. Fesul storm a chawod cerddodd drwy ddyddiau'r wythnosau, a gorffwys dro ar bnawn o haul neu ar noson o leuad. Lladdodd liwiau'i choedlannau'n ddiedifar, gollyngodd rew i'r llyn-noedd, afradodd ychydig eira ar ei bryniau uchaf ... Gyda machlud y flwyddyn, diflannodd dynion a da oddi ar wyneb agored y tir. Diflannodd y gwartheg dan do, closiodd y defaid i'r llochesau, ni welid dyn ar gae oni fyddai rhaid. Dan orfod rhewynt ac eirlaw ymwthiodd gwaith a gweithgarwch Dyffryn Aerwen dan do.

Yn Ôl i Leifior   *Islwyn Ffowc Elis*

Yr Hen Lwybrau

Yr un yn oes oesoedd yw llwybrau'r cread,
Yr un yw'r patrwm a'r un yw'r gwead.

Yr un afonydd yn llyfu'r ceulannau,
Yr un cysgadrwydd mewn hen, hen lannau.

Yr un sane'r gwcw, yr un blodau 'menyn,
A'r un aflonyddwch pan ddelo'r gwenyn.

Yr un yw'r patrwm a'r un yw'r gwead,
Yr un yn oes oesoedd yw llwybrau'r cread.

Cerdd a Charol   *W. Rhys Nicholas*

Ffynonellau

Perthyn pob hawlfraint ynglyn â'r holl ddarnau yn y gyfrol hon naill ai i'r awdur, y cyhoeddwyr neu berchennog yr hawlfraint. Ni ellir atgynhyrchu unrhyw gerdd a gynhwysir yn y gyfrol hon heb ganiatâd ymlaen llaw gan berchennog yr hawlfraint.

Gofuned Dechrau Blwyddyn	E. Llwyd Williams, *Beirdd Penfro,* Gwasg Gomer
Hela Calennig	Neli Davies, *Cofio Neli,* Miss Cassie Davies
Sglefrio	Kate Roberts, *Traed Mewn Cyffion,* Gwasg Gomer
Santes Dwynwen	*Pais,* Cyhoeddiadau Mei
Y Cŵn Hela	W. Rhys Nicholas, *Blodeugerdd y Plant,* Gwasg Gomer
Y Dyn Bach 'Ny o'r Wlad	Islwyn Williams, *Cap Wil Tomos,* Llyfrau'r Dryw
Gwneud Crempog	Winnie Parry, *Sioned*
Dewi Sant	John Davies, *Blwyddyn Gron,* Gwasg Gomer
Fy Nhad	O. M. Edwards, *Clych Atgof*
Gwlad Hud	T. Gwynn Jones, *Caniadau,* Hughes a'i Fab
Ffair Gorwen Fawrth	Llwyd o'r Bryn, *Y Pethe,* Gwasg Y Bala
Nythod y Brain	Isfoel, *Ail Gerddi Isfoel,* Gwasg Gomer
Ebrill	Islwyn Ffowc Elis, *Yn Ôl i Leifior,* Gwasg Aberystwyth [Gomer]
Siop Ffŵl Ebrill	Aneurin Jenkins Jones, *Cwlwm 1978*
Pan fydd hi'n bwrw glaw	Jane Edwards, *Tyfu,* Gwasg Gomer
Wyau Pasg	Pedrog, *Stori 'Mywyd,* Gwasg y Brython
Dyddiau Difyr	John Gwilym Jones, *Atgofion,* Tŷ ar y Graig
Y Fedwen Haf	Marion Eames, *Y Stafell Ddirgel,* Llyfrau'r Dryw
Gŵyl Mai	Myra Evans, *Atgofion Ceinewydd,* Cymdeithas Lyfrau Ceredigion
Yn Was Bach	Ifan Gruffydd, *Gŵr o Baradwys,* Gwasg Gee
Mynd am Dro	Jane Edwards, *Tyfu,* Gwasg Gomer
Ar y Ffordd i'r Ffair	Gwilym R. Jones, *Y Syrcas a Cherddi Eraill,* Llyfrau'r Faner
Neges Heddwch	*Cymru'r Plant,* Urdd Gobaith Cymru
Chwarae Tonnau'r Môr	Kate Roberts, *Y Lôn Wen,* Gwasg Gee
Mehefin	Islwyn Ffowc Elis, *Yn Ôl i Leifior,* Gwasg Aberystwyth [Gomer]
Tyfu Tomatos	J. O. Williams, *Straeon Wil,* Gwasg Gee
Pont y Seiri	Kate Roberts, *Y Lôn Wen,* Gwasg Gee
Amser Chwarae	Mairwen Gwynn, *Digwyddiadau Dyddiau Ysgol,* Cynllun y Porth
Chwarae Bando	Edward Mathews, *Hanes Bywyd Siencyn Penhydd*
Gŵyl Mabsant	Eos Iâl, *Drych y Cribddeiliwr*
Bowliwr Medrus	R. Emyr Jones, *Rhwng Dwy,* Tŷ ar y Graig
Bwa a Saeth	Gruffydd Parry, *Blwyddyn Bentre,* Gwasanaeth Llyfrgell Gwynedd
Cario Gwair	Kate Roberts, *Y Lôn Wen,* Gwasg Gee
Dyddiau Prysur	Cassie Davies, *Hwb i'r Galon,* Tŷ John Penry
Mac	D. J. Williams, *Hen Wynebau,* Gwasg Aberystwyth [Gomer]
Y Ci Defaid	Thomas Richards, *Y Ci Defaid ac Englynion Eraill,* Llyfrfa'r Methodistiaid
Y Carnifal	T. Rowland Hughes, *William Jones,* Gwasg Aberystwyth [Gomer]
Bysus a Beics	Derec Llwyd Morgan, *Straeon Tegs,* Cynllun y Porth
Ar y Llwyfan	Gwynn ap Gwilym, *Eisteddfod y Tri Phlwyf,* Christopher Davies
Codi'n Hwyr	Nansi Richards, *Cwpwrdd Nansi,* Gwasg Gomer
Torri Drych	Nansi Richards, *Cwpwrdd Nansi,* Gwasg Gomer
Llangrannog	Arwel John, *Cwlwm y Glo Caled,* Gwasg y Glaslwyn
Porth yr Aber	Dic Jones, *Storom Awst,* Gwasg Gomer
Siarabang i Abersoch	Gruffydd Parry, *Blwyddyn Bentre,* Gwasanaeth Llyfrgell Gwynedd
Guto Benfelyn	I. D. Hooson, *Cerddi a Baledi,* Gwasg Gee
Igl Ogl Blw Botl	Gruffydd Parry, *Blwyddyn Bentre,* Gwasanaeth Llyfrgell Gwynedd
Charlie v. 30	D. J. Williams, *Yn Chwech ar Hugain Oed,* Gwasg Aberystwyth [Gomer]
Syrcas	T. H. Parry Williams, *O'r Pedwar Gwynt,* Gwasg Aberystwyth [Gomer]
Sioe Bwystfilod	Anthropos, *Y Pentre Gwyn*
Gwenoliaid	T. Gwyn Jones, *Caniadau,* Hughes a'i Fab
Hel Mwyar Duon	Gruffydd Parry, *Blwyddyn Bentre,* Gwasanaeth Llyfrgell Gwynedd

Mynegai i linellau cyntaf pob darn

189